**Für Nicolas und Michael
Zwei tolle Nachfolger**

Karl Vogt

Selbstbestimmtes Leben
Selbstbestimmtes Altern

Themen für den Ruheständler
Von heute und morgen

Das etwas andere
Rentner Handbuch

Bibliografische Information der Deutschen Nationalbibliothek:
Die Deutsche Nationalbibliothek verzeichnet diese Publikation in der Deutschen Nationalbibliografie; detaillierte bibliografische Daten sind im Internet über http://dnb.dnb.de abrufbar.

© 2016, Karl Vogt

Fotos: Eigene Aufnahmen, Karl Vogt, M.Trajese/Fotolia, B. Kasper/Fotolia

Herstellung und Verlag: BoD – Books on Demand, Norderstedt

ISBN:978-3-7412-5654-7

Das können Sie erwarten:

- Welche Verträge braucht der „Golden Ager" unbedingt?
- Wie bekommt man sicher mehr als „Null Prozent" Zinsen?
- Worauf muss man sich politisch einstellen?

1. Warnung: **Nicht alles** ist gelogen, was die Politik Ihnen erzählt. GLAUBEN SIE TROTZDEM NICHT ALLES!

2. Warnung: **Nicht alles** ist gelogen, was die Presse veröffentlicht.. GLAUBEN SIE TROTZDEM NICHT ALLES!

Wer jetzt **nichts** tut, macht den schlimmsten Fehler seines Lebens.
Wer nur auf **Sicherheit** schaut, machte den zweitschlimmsten Fehler.
Wer nur auf die **Höhe der Erträge** schaut, ist selbst schuld…

- Basisinformationen zu Versorgungseinrichtungen
  (Rente & Kollegen)
- Basisinformationen zur politischen Entscheidungsfindung.
  (Deutschland und Europa)
- Basisinformationen zur Währungs-Entwicklung.
  (Der €uro stirbt.)

UND! Am Ende des Buches:

- ❖ **Ein völlig neuartiges Schlagwort-Management und**
- ❖ **Eine Liste aller verwendeter Aufsätze und Merkblätter**

Vorwort

Der Anlass für dieses Buch war ein doppelter: Mit siebzig Jahren, davon 44 erfolgreiche in der Finanzbranche, wollte ich meinen eigenen Ruhestand in die heutige Zeit hinein organisieren.

Zur selben Zeit spürte ich bei meinen Gesprächen mit Gleichaltrigen und Kunden immer wieder eine tiefe Verunsicherung durch die gegenwärtige europapolitische Lage und die aktuelle „0-Zins-Situation", die für die Älteren nicht erfreulich ist, und die sich für die Jüngeren geradezu katastrophal auswirken wird, **wenn** sie nicht rechtzeitig gegensteuern. Nahezu alle Menschen neigen dazu, die Welt aus ihrer eigenen Sicht, vor ihrem eigenen Wissens- und Erfahrungshorizont zu beurteilen, und – was ebenso falsch wie weit verbreitet ist - die gegenwärtige Lage in „alle Ewigkeit" fortzuschreiben. Kaum jemand kann sich vorstellen, dass man wieder 8 % Guthabenzins bekommt und für 10-jährige Hypotheken 12 % bezahlen muss. Und doch liegt dieses Szenario gerade erst 20 Jahre zurück. Den meisten Menschen fehlt das politische Hintergrundwissen um diese Entwicklungen richtig einzuordnen.

Diese Menschen scheinen derzeit zu resignieren, weil sie das fehlende Wissen verunsichert und sie zudem **keine Alternativen sehen**. Lassen Sie sich helfen, denn auch hier gilt: *„Gefahr erkannt – Gefahr gebannt."*

Aus diesem Grund habe ich dieses „spezielle Handbuch" entwickelt, das dem Leser Gelegenheit gibt, an Gesprächen unmittelbar Betroffener quasi „teilzunehmen" und somit

„aus erster Hand", allgemein verständlich, informiert zu werden, was zu einem sorgenfreien Ruhestand gehört.

Darüber hinaus sollten die **Hintergründe erläutert** werden, die zu der <u>momentanen Situation</u> geführt haben, die <u>in nicht allzu ferner Zukunft wieder beendet</u> sein wird. Allerdings kennt niemand den exakten Zeitpunkt, wann.

Da sich in einem „Gespräch" niemals alles so klar strukturieren lässt, wie es diese Problematik erfordert, habe ich den Kunstgriff verwendet, für die Schwerpunkte und wichtigsten Fragen sogenannte „Arbeitsblätter" oder „Kurzaufsätze" einzustreuen, um eine bestimmte, für die Verständlichkeit notwendige Systematik und Informationstiefe zu erreichen.

Dadurch werden die allerwichtigsten Themen manchmal doppelt oder sogar dreifach angesprochen. Das ist aber durchaus gewollt, denn durch diese „Wiederholungen" soll und kann das Verständnis vertieft werden.

Und nun ein Wort an alle, die sich heute bereits als „Senioren" angesprochen fühlen und dabei sind, sich im „letzten Drittel" einzurichten.

Sie sind zwischen 63 und 65 Jahre alt, oder eventuell auch schon 70? Wenn Sie studiert haben, gehören Sie zu den berühmt-berüchtigten „68-ern"! Waren Sie auch auf Demos? Haben Sie gegen das „Establishment" gekämpft, oder haben Sie sich eher politisch zurückgehalten? Die, die damals einer „ehrlichen Arbeit" nachgingen, waren ja oft gar nicht so begeistert, von den Umtrieben der Protestierer.

In Tübingen hieß das: „Die solle erscht amol richtig schaffe." *(„Die sollen zuerst einmal richtig arbeiten.")*

Sie waren diejenigen, denen mit dem Abitur in der Tasche noch die Welt offenstand – so, wie auch die gut bezahlten Jobs! „Numerus Clausus" war für die Älteren unter Ihnen noch ein Fremdwort. Ihre Eltern (oft nur die Väter) haben einen Beruf erlernt, einen Arbeitsplatz gefunden und dort meist ihr ganzes Berufsleben, bis zur „goldenen Uhr" mit 65 verbracht. Mit **Ihnen** begann die Zeit der „neuen Beweglichkeit". Die Frauen emanzipierten sich. Arbeitsplatzwechsel und Ehescheidung galten nicht mehr als Schande.

Sie hatten alle Möglichkeiten und weitestgehende Freiheiten im beruflichen, wie im sozialen Leben. Die Welt war übersichtlich: Die Russen waren die Bösen, die Amerikaner (für die allermeisten) die Guten, und die Politik wurde in einem kleinen Städtchen am Rhein gemacht. Diese Hauptstadt war nicht „arm aber sexy", aber auch nicht dem Diktat einer undurchsichtigen Überregierung namens „Brüssel" unterworfen.

Unsere „AfD" nannte sich „Grüne". Deren Führungspersonal bewarf die Polizei mit Steinen und trat unerhörterweise in Turnschuhen (!) im Parlament auf, mit den Worten: *„Mit Verlaub, Herr Präsident, Sie sind ein Arschloch."* (Auch früher nahmen entsprechende Leute schon kein Blatt vor den Mund.)

Sie erlebten, in der Zeit Ihrer persönlich höchsten Schaffenskraft weltgeschichtliche Sensationen: 1989/90 fiel die Berliner Mauer und gleichzeitig zerbröselte die Großmacht „Sowjetunion" in zahlreiche selbständige Republiken, so wie das vor dem Kommunismus schon einmal gewesen war. Es war die Zeit, in der Sie **ver**-sorgten und eigentlich auch **vor**-sorgen sollten. Damals hörte ich manche Stimme, die mir sagte: *"Ich lebe lieber jetzt, wer weiß, ob ich das nächste Jahrtausend überhaupt erlebe."* Dabei gab es bei uns noch gar keine IS. Die bei uns „tätige" RAF (Rote Armee Fraktion) war von der Staatsmacht schnell „ausgetrocknet" und ergab sich mehr oder weniger sang- und klanglos. Gott sei Dank.

Nach dem Mauerfall begann man ein „politisches Europa" der verschiedensten Mentalitäten und wirtschaftlichen Leistungsfähigkeiten zusammen zu bosseln. Damals wurde der Grundstein gelegt, für das, was heute Alltag ist: Die Renditen begannen zu bröckeln. Wohl dem, der schon ein paar Weichen richtig gestellt hatte. Lebensversicherungen brachten dreißig Jahre lang knapp 7 % heute nur noch 0,9. Wer damals auf den Sachwert Immobilie gesetzt hatte, kann diesen heute, mit gutem Gewinn verkaufen, um seine Alters-Finanzierung neu zu strukturieren.

Jeden, der sich jetzt verwundert fragt, warum ich rate, „Immobilien **jetzt** zu **ver**kaufen, wo sie doch gerade so gesucht sind" möchte ich darauf hinweisen, dass **die** Immobilien, von denen ich spreche, heute 30 Jahre und älter sind. Eine Instandhaltung jagt die andere und viele Neu-Mieter ziehen lieber in modernere Wohnungen. Solche Tatsachen kann man nur in Zeiten eines „Nachfrage-Booms" besiegen. (Aus Alt mach Neu) Das ist Marktwirtschaft.

An alle, die <u>allerspätestens</u> JETZT tätig werden müssen!

Hallo liebe „Baby-Boomer!"

Sie sind vor 1964 geboren und in den frühen Siebzigern zur Schule gegangen. In Ihren Klassen sind Sie zusammen mit oft 30 bis 40 „Kameraden" gesessen. Anfangs schön nach Geschlechtern getrennt, später mehr und mehr „gemischt". Der Lieblingssatz Ihrer Eltern war: *„Du sollst es einmal besser haben als wir."*

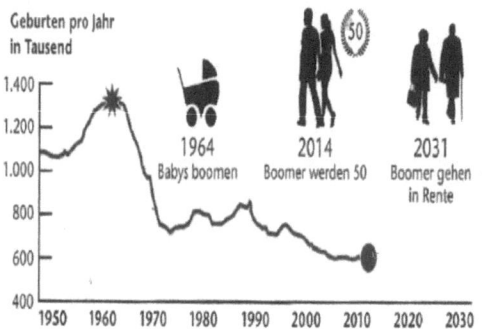

In den Achtzigern und Neunzigern sind Sie erwachsen geworden, haben Familien gegründet (oder nicht), haben Häuser gebaut (oder nicht) – aber <u>eins haben Sie alle gemeinsam:</u> **Zwischen 2010 und 2014 sind Sie alle 50 geworden.**

Der Ruhestand, die Zeit, in der die allermeisten von Ihnen nicht mehr ausschließlich von der eigenen Arbeitskraft leben müssen, kommt in Sichtweite. Es wird allerhöchste Zeit, sich um diese *„nahe Zukunft"* zu kümmern!

Als einer von denen, der die *„nahe Zukunft"* bereits erreicht hat, kann ich Ihnen berichten, wie es dort aussieht. Ich beginne mit der Darstellung der Fragen, die sich uns „Golden Agern" (Menschen, die das Rentenalter bereits erreicht oder überschritten haben) stellen, und wie sich diese Zeit bestmöglich organisieren lässt. Dann wissen Sie schon einmal, was Sie erwartet.

Die Cleveren unter Ihnen machen dann umgehend „Kassensturz". Es wird welche unter Ihnen geben, die bereits seit Beginn ihrer beruflichen Laufbahn immer wieder Rücklagen gebildet haben. Für diese Rücklagen gilt es jetzt, eine „Zwischenbewertung" vorzunehmen und sie auf die aktuelle Zukunft auszurichten, die sich selbstverständlich jederzeit wieder ändern kann *und wird*. Deshalb ist Wert auf hohe **Flexibilität** zu legen.

Es wird andere geben, die haben entweder extrem „gut gelebt" und nichts zurückgelegt, und wieder andere, die so wenig verdient haben, dass sie glaubten, sie hätten keine Möglichkeit um zu Sparen. Wieder andere haben sich den Traum vom Eigenheim erfüllt und jede verfügbare Mark, später jeden Euro, in dieses Objekt gesteckt.

Was uns die Verständigung sicher erleichtert ist, dass wir, obwohl ich „aus Ihrer Zukunft" schreibe, beide in der gleichen „politischen Wirklichkeit" leben. So kann ich meine Empfehlungen immer am derzeit Machbaren messen. Alles, was ich für meine Altersgenossen aufschreibe, kann Ihnen als „Vorinformation" dessen dienen, was auf Sie zukommen kann. Mit diesem Voraus-Wissen sollte es Ihnen leichter fallen, sich auf einen unbeschwerten Ruhestand zu freuen. Sie sind dann gut vorbereitet.

Ich wünsche **allen** Lesern den größtmöglichen persönlichen Nutzen,

Karl Vogt, Finanzlotse
Hattenhofen im Sommer 2016.

Lebenszeit

Wir bekommen es in diesem Buch an mehreren Stellen mit „Märchen" zu tun, lassen Sie uns deshalb, zur Einstimmung, mit einem „echten" beginnen!

**Ein Märchen der Brüder Grimm
(meinem Lieblings-Märchenbuch entnommen)**

Als Gott die Welt geschaffen hatte und allen Kreaturen ihre Lebenszeit bestimmen wollte, kam der Esel und fragte „Herr, wie lange soll ich leben?" „Dreißig Jahre," antwortete Gott, „ist dir das recht?" „Ach Herr," erwiderte der Esel, „das ist eine lange Zeit. Bedenke mein mühseliges Dasein: von Morgen bis in die Nacht schwere Lasten tragen, Kornsäcke in die Mühle schleppen, damit andere das Brot essen, mit nichts als mit Schlägen und Fußtritten ermuntert und aufgefrischt zu werden! Erlass mir einen Teil der langen Zeit." Da erbarmte sich Gott und *schenkte ihm achtzehn Jahre.*

Der Esel ging getröstet weg, und der Hund erschien. „Wie lange willst du leben?" sprach Gott zu ihm, „dem Esel sind dreißig Jahre zu viel, du aber wirst damit zufrieden sein." „Herr", antwortete der Hund, „ist das dein Wille? Bedenke, was ich laufen muss, das halten meine Füße so lange nicht aus; und habe ich erst die Stimme zum Bellen verloren und die Zähne zum Beißen, was bleibt mir übrig, als aus einer Ecke in die andere zu laufen und zu knurren?" Gott sah, dass er Recht hatte, und *erließ ihm zwölf Jahre.*
Darauf kam der Affe. „Du willst wohl gerne dreißig Jahre leben?" sprach der Herr zu ihm, „du brauchst nicht zu arbeiten wie der Esel und der Hund, und bist immer guter

Dinge." „Ach Herr", antwortete er, „das sieht so aus, ist aber anders. Wenn's Hirsebrei regnet, habe ich keinen Löffel. Ich soll immer lustige Streiche machen, Gesichter schneiden, damit die Leute lachen, und wenn sie mir einen Apfel reichen und ich beiße hinein, so ist er sauer. Wie oft steckt die Traurigkeit hinter dem Spaß! Dreißig Jahre halte ich das nicht aus." Gott war gnädig und *schenkte ihm zehn Jahre.*

Endlich erschien der Mensch, war freudig, gesund und frisch und bat Gott, ihm seine Zeit zu bestimmen. „Dreißig Jahre sollst du leben", sprach der Herr, „ist dir das genug?" „Welch eine kurze Zeit!" rief der Mensch, „wenn ich mein Haus gebaut habe, und das Feuer auf meinem eigenen Herde brennt: wenn ich Bäume gepflanzt habe, die blühen und Früchte tragen, und ich meines Lebens froh zu werden gedenke, so soll ich sterben! Oh Herr, verlängere meine Zeit." „Ich will dir die **achtzehn** Jahre des Esels zulegen", sagte Gott. „Das ist nicht genug", erwiderte der Mensch. „Du sollst auch die **zwölf** Jahre des Hundes haben." „Immer noch zu wenig." „Wohlan", sagte Gott, „ich will dir noch die **zehn** Jahre des Affen geben, aber mehr erhältst du nicht." Der Mensch ging fort, war aber nicht zufriedengestellt.

Also lebt der Mensch <u>Siebzig Jahr</u>. Die ersten dreißig sind seine *menschlichen Jahre*, die gehen schnell dahin; da ist er gesund, heiter, arbeitet mit Lust und freut sich seines Daseins. Hierauf folgen die *achtzehn Jahre des Esels*, da wird ihm eine Last nach der andern aufgelegt: er muss das Korn tragen, das andere nährt, und Schläge und

Tritte sind der Lohn seiner treuen Dienste. Dann kommen die *zwölf Jahre des Hundes*, da liegt er in den Ecken, knurrt und hat keine Zähne mehr zum Beißen. Und wenn diese Zeit vorüber ist, so machen die *zehn Jahre des Affen* den Beschluss. Da ist der Mensch schwachköpfig und närrisch, treibt alberne Dinge und wird ein Spott der Kinder...

Der erste Abend: **Die Senioren**

„Hallo, Guten Tag! Kommt herein! Wie geht´s?" „Schlecht." „HÄ?" „Ach ja, man kann gar nicht genug klagen." Gerhard grinste über beide Ohren und der Hausherr konterte: „Schön, dass du trotzdem noch hergefunden hast, dein Tränenkrüglein steht dort hinten rechts." Während Gerhard und Marianne eintreten und ihre Jacken ablegen, klingelt es schon wieder. „Schatz, das werden Wolfgang und Brigitte sein, machst du mal auf?" Jürgen Wohlrab trat mit seinen ersten Gästen ins Wohnzimmer, während seine Frau Marlies die Türe öffnete. „Schön, dass ihr da seid" sagte sie strahlend, als sie Wolfgang und Brigitte Sanddorn erkannte. „Wir freuen uns auch", antwortete Wolfgang und drückte ihr drei wunderschöne Teerosen in die Hand. „Vielen Dank, kommt rein, Gerhard und Marianne sind schon da." „Na ja Gerhard, der alte Streber. Muss ja immer der erste sein", meinte Brigitte. „Stimmt nicht", rief Jürgen aus dem Wohnzimmer, „ich war der erste." Alle sechs lachten herzlich und jeder suchte sich eine Sitzgelegenheit im Wohnzimmer. „Möchtet Ihr einen kleinen Aperitif?" Die anderen nickten und ein gemütlicher und informativer Abend mit sechs guten Freunden nahm seinen Lauf.

Gerhard Fischer und Jürgen Wohlrab kannten sich seit Studienzeiten. Während dieser Jahre hatten Sie auch Ihre heutigen Ehefrauen, Marianne und Marlies kennen gelernt. Sie wurden bald ein „unzertrennliches Quartett". Gerhard und Marianne unterrichteten später beide am städtischen Gymnasium. Er Deutsch und Sport, sie Deutsch und Englisch. Marlies hatte eigentlich Mathe und Biologie studiert, aber als ihr Mann schon nach wenigen Jahren aus dem Schuldienst ausstieg und sich als Finanzlotse selbständig machte, entschied auch sie, es sei besser, das Büro ihres Mannes zu organisieren und „ganz nebenbei" noch zwei Kinder groß zu ziehen. Karsten und Sandra waren ihr „ganz gut gelungen". Sie waren mittlerweile längst aus dem Haus und hatten eigene Kinder, denn – Sie werden es schon erraten haben – es handelte sich hier um ein Treffen reinrassiger „Golden Ager", die Gruppe Menschen, die das Rentenalter bereits erreicht haben.

Gerhard und Marianne waren beide seit einem Jahr in Pension. Jürgen „lotste" zwar noch, aber auch nicht mehr mit „Volldampf" und Marlies war glücklich mit den Enkeln und einem eigenen kleinen Freundeskreis. Zusammen mit Haus und Garten ergab auch dies einen „Rentner-Fulltime-Job". Das dritte Pärchen im Bunde fiel ein klein wenig aus diesem „lehrerverseuchten" Rahmen. Wolfgang Sanddorn, bzw. Dr. Wolfgang Sanddorn war Arzt. Zahnarzt um genau zu sein. Er und seine Frau Brigitte gehörten zu der Generation, in der Ärzte noch ihre Krankenschwestern heirateten. (Parole beim weiblichen medizinischen Personal dieser Jahre: *„Wenn Du nach drei Jahren noch keinen Doktor hast, musst du ihn selber machen."*) Gutes Personal war eben teuer... Die beiden besaßen eine gutgehende Praxis in der Stadt und waren im Moment gerade dabei, diese an einen jungen, aufstrebenden Zahnarzt zu verkaufen, der schon einige Zeit mitarbeitete, um die Abläufe und die Patienten kennen zu lernen. Demnächst wollte sich „Doc Wolfgang", wie ihn die anderen gern scherzhaft nannten, vollends zurückziehen und Brigitte sollte dann auch nicht mit dem „jungen, knusprigen" Doktor zurückbleiben.

Alle sechs standen vor der gleichen Situation: Der Ruhestand begann. Er musste organisiert – UND finanziert werden. Und zu diesem Zweck hatte man den heutigen Abend abgesprochen. Jürgen, der „Lotse" hatte sich bereit erklärt, seine Fachkenntnis einzubringen und die wirtschaftliche Seite zu erläutern. Da er vor genau den gleichen Herausforderungen stand, wie seine Freunde, nachdem er sein von ihm gegründetes Beratungsbüro vor kurzem an seinen Sohn Karsten übergeben hatte, dachten sich die vier anderen: „Lass das mal den Jürgen machen, was er für sich organisiert, wird auch gut für uns sein."

So zog man sich nach dem Essen gemeinsam ins Wohnzimmer zurück und Jürgen begann: „Ich weiß nicht, wie es euch geht – aber mein größter Horror ist es, wenn meine Kinder oder gar fremde Dritte, mich nicht mehr als erwachsene Persönlichkeit behandeln würden sondern quasi im „Kindersprech" um mich herum tüddeln: „Jetzt komm mal, Opchen, jetzt wollen wir mal schön unser Breichen schlabbern" und danach gehen wir schön brav, in die Heia, gell?"

„So was kann man sich heute noch gar nicht vorstellen", stimmte Doc Wolfgang zu. „Aber es ist traurige Praxis. Sowohl in Pflegeheimen, wo ich so etwas schon mehrfach selbst gehört habe", sagte Brigitte, „als auch zu Hause, wo die Kinder das Regiment übernommen haben. Du warst doch neulich dabei, bei Horst", wandte sie sich an ihren

Mann, der nickte. Horst war ein Bekannter der Sanddorns und hatte mit 50 Jahren von heute auf morgen einen Schlaganfall erlitten, der sein Sprachzentrum schwer in Mitleidenschaft gezogen hatte. Er war körperlich eigentlich „noch da", konnte aber nur noch lallen. „Und wenn du dann so behandelt wirst und kannst dich nicht wehren, das ist grausam." „Seht ihr, das ist auch meine Meinung", sagte Jürgen. „Deshalb ist **Ziel Nummer 1** die Selbstbestimmung. Solange es irgend geht möchte ich selbst über mein Leben bestimmen, so wie ich es die letzten 65, oder sagen wir 47 Jahre getan habe." „Durftest Du die letzten 40 Jahre wirklich selbst bestimmen?" hakte Marianne mit einem Blick auf Jürgens´ Frau nach. Alle grinsten und Marlies beeilte sich zu sagen: „Zumindest hat er das immer geglaubt."

Ungerührt fuhr Jürgen fort: „Wenn wir uns die Selbstbestimmung als oberstes Ziel setzen, dann müssen **drei Voraussetzungen** gegeben sein." „Du musst gesund sein", warf Gerhard ein, „Du musst genügend Kohle haben", ergänzte Doc Wolfgang „und du musst überhaupt jemanden finden, der dich versorgt", ergänzte die immer praktisch denkende Marlies. „Wenn die Leute heute gar keine Kinder mehr haben…" „oder die Kinder weit weg wohnen", warf Brigitte ein, „oder selbst genug um die Ohren haben, mit den eigenen Kindern" kam es von Marianne, „dann kannst du deine Selbstbestimmung in der Pfeife rauchen."

„Genau darauf wollte ich hinaus", bestätigte Jürgen alle Einwürfe zusammenfassend: „Wenn du selbstbestimmt altern willst, musst du das auch <u>selber,</u> nach deinen eigenen Vorstellungen <u>regeln</u>. Sich auf Dritte, auf Kinder oder gar Staat verlassen, heißt nicht selbstbestimmt. Du, als Deutschlehrer, wirst mir bestätigen, wandte er sich augenzwinkernd an Gerhard. In „selbstbestimmt" stecken die beiden Wörter „Selbst" und „bestimmen". Doc Wolfgang ergänzte: „Und wer bestimmt, der zahlt." „Okay, eigentlich heißt das anders rum, wer zahlt, bestimmt (die Musik), aber ich will das mal so gelten lassen, denn du hast absolut Recht. Die ganze Selbstbestimmung scheitert oft kläglich an den finanziellen Mitteln."

„Aber wie willst du das ändern", seufzte Marianne. „Es wird immer Benachteiligte geben. Man kann gar nicht so vielen helfen, wie es Hilfsbedürftige gibt." „Es muss vom Willen des Einzelnen aus gehen, wie bei einer Diät. Es genügt nicht, nur zu wissen, dass man weniger essen, viel trinken und sich noch mehr bewegen muss – man muss es auch tun. Und da liegt der Hase im Pfeffer. **Wer gesund ist und will**, der **kann** in den meisten Fällen, wobei es natürlich immer noch Menschen gibt, die können noch so sehr wollen, es klappt einfach nicht. – Aber ich gehe einmal davon aus, dass hier, im versammelten bürgerlich-akademischen Mittelstand keiner ist, der nicht, bei etwas gutem Willen, *könnte*."

Die Anderen lächelten und nickten zustimmend. Bei dem Vergleich mit der Diät blinzelte Marlies ihrem Jürgen fröhlich zu. Aber der fuhr ungerührt fort: „Deshalb muss man die drei Grundvoraussetzungen der Selbstbestimmung noch eine Ebene tiefer ansetzen." Jetzt blickte er in fünf fragende Augenpaare.

„Ich versuch´s mal so: **Was wollen wir als „Golden-Ager"?**

Wir wollen unser Leben selbst bestimmen. Die meisten von uns wollen weiterhin aktiver Teil der Gesellschaft sein. Niemand soll uns drein reden, dann bemühen wir uns auch, unsererseits niemandem drein zu reden. (☺)

Wir wollen niemandem zur Last fallen und die allermeisten von uns sind eher bereit, zu verzichten als zu fordern.

Wir brauchen Sicherheit. Die Mittel, die uns zufließen, sollten uns ermöglichen, unseren bisherigen Lebensstandard wenigstens zu halten. Und das dauerhaft.

Wenn es die finanziellen Umstände erlauben, würden wir gerne etwas hinterlassen.

„Es gibt aber leider keine allgemeingültigen *„Geheimrezepte zum ewigen Glück und Reichtum"*. Es gibt nicht einmal mehr eine absolute Sicherheit, für die Entscheidungen, die wir heute zu treffen haben. Um eine möglichst stabile Basis zu finden, gibt es drei „Helfer":

Versicherungen, Vollmachten und Verfügungen.
Allerdings: alle drei kosten Geld. Das Geld, das man nicht zu haben glaubt, oder das man lieber für andere Dinge ausgibt, „von denen man direkt „etwas" hat".

Doc Wolfgang unterbrach Jürgens` Redefluss: „Muss ich jetzt also mein gesamtes Ruhegeld dafür ausgeben, dass ich künftig, im Fall des Falles, genügend Geld habe? Das ist

doch irgendwie paradox. Was mache ich, wenn dieser Fall gar nie eintritt?" Jürgen antwortete: „Danke Dir Doc, für diese flapsig-**intelligente** Anmerkung!
Das ganze Versicherungswesen ist paradox. Im Prinzip ist jede Form der „Vorsorge" in gewisser Weise paradox. Es steckt ja auch hier im Wort: Man macht sich die Gedanken schon, be**vor** man die **Sorgen** bekommt. Dieses gedankliche Vorwegnehmen von Situationen, die eintreten **könnten** aber nicht bei jedem auch tatsächlich eintreten, ist in dieser Ausprägung eine Besonderheit der menschlichen Rasse. Das Eichhörnchen ist zwar auch ein beliebtes Beispiel für „Vorsorge" – aber: es „denkt", instinktgesteuert, nur ans Fressen. Noch nie habe ich gehört, dass ein Eichhörnchen „umgezogen" wäre, weil beispielsweise eine Eule im Nachbarbaum „eingezogen" ist oder ein Marder in der Nähe seinen Bau eingerichtet hätte. Im Falle eines Angriffs **„reagiert"** das Eichhörnchen und läuft weg. Es trifft aber keine Vorsorge dagegen, dass einer dieser natürlichen Feinde, plötzlich „Hunger auf Eichhörnchen-Schnitzel" bekommen könnte.

Das Reagieren ist dem Menschen jedoch nicht in Eichhörnchen-Manier möglich: Weglaufen nützt im Krankheits- oder Pflegefall nichts. Meistens geht es auch nicht mehr. Jetzt benötigt man **Geldmittel.** Der Mensch muss, um es einmal „knallhart" zu formulieren, heute weniger ausgeben, um das Geld für solche *eventuellen* Notfälle später zur Verfügung zu haben. Anders gesagt: Er muss Geld dafür ausgeben, damit er bis an sein Lebensende selbst bestimmen kann, was mit ihm geschieht, obwohl es nicht sicher ist, ob er überhaupt in diese Lage kommt. Man übt heute

Verzicht und bezahlt für Leistungen, die man eigentlich nie in Anspruch nehmen will. Und wenn man sie doch in Anspruch nehmen **muss (!) / darf(?)**, dann ist vorher immer irgendetwas extrem Unangenehmes geschehen: Krankheit, Unfall, Einbruch, Haus verbrannt, Verkehrsunfall oder man muss einen Schaden ersetzen, den man unachtsamer Weise verursacht hat. Diese Situation birgt einen prima Slogan:

Alles kann – nichts muss (geschehen)
Aber solange es kann, muss es (abgesichert werden)

Trotzdem ist es natürlich nicht ganz so krass, dass die gesamte Rente für Versicherungen drauf geht. Mein Motto in Bezug auf Versicherungen, war mein ganzes Leben lang: *„So wenig wie möglich Versicherungen – a b e r – so viel wie nötig!"* Wenn Du einen guten unabhängigen Berater findest, schnürt der Dir das komplette Versicherungspaket für rund 20 Euro im Monat. Dazu kommen noch die Beiträge für den Pflege- und den Krankenschutz, und für gesetzlich Versicherte „bei Bedarf"(?) eine Zahn-Zusatz-Versicherung und/oder eine Auslands Krankenversicherung, solange man noch viel im Ausland unterwegs ist. Übrigens, noch ein kleiner Tipp unter uns „Pfarrerstöchtern": Wenn Eure Kinder jetzt gleich ihre Pflegeversicherungen abschließen, zahlen sie zwar länger aber insgesamt deutlich weniger. Und – wenn sie den richtigen Berater finden, dann holt der sogar das ganze eingezahlte Geld zurück, falls sie das Glück haben, *kein* Pflegefall zu werden.

Selbstverständlich bin ich mir im Klaren, dass etwa 200 € im Monat, für jemanden, der unter Umständen nur 1.000

Euro Rente bekommt, sehr viel Geld ist. Aber: Meistens sind damit auch 2 Personen abgedeckt. Übrigens: Das bringt mich noch auf einen ganz wichtigen Hinweis: Wenn zwei Personen bisher die Arbeitswelt überlebt haben, dann sollten alle Verträge sich immer auf beide beziehen. Gerade beim Pflegerisiko können nämlich durchaus **beide** pflegebedürftig werden. Und wenn die Schwiegereltern Eurer Kinder auch noch beide leben, dann trägt Euer Nachwuchs ein ganz gehöriges Risiko. Bis zu vier Regressforderungen der Sozialämter drohen! Wie schön, wenn sich die Senioren einsichtig zeigen und dieses Risiko an eine Versicherung übertragen. Und wenn sie auch beim allerbesten Willen die Prämien dafür nicht aufbringen können, ist es für die Kinder noch immer deutlich entspannter, diese Beiträge für die (Schwieger-)Eltern (mit) zu übernehmen, anstatt sich der oben beschriebenen Gefahr auszusetzen. Das ist es, was wir mit Generationenberatung und „ruhig schlafen" meinen. Und schon wieder lauert an dieser Stelle das Paradoxon: Gerade die, die den Schutz kaum bezahlen können, brauchen ihn am Aller-Notwendigsten!

Aber auch, wenn die Prioritäten „richtig" gesetzt werden, gibt es leider noch viel zu viele Menschen, die „durch die Maschen fallen." Sie müssen sich damit abfinden, dass ihr Leben von den öffentlichen Sozialgesetz-Richtlinien bestimmt wird und eben nicht durch sie selbst.

Nur: Es gibt viel zu viele Menschen, die nicht zu diesen Ärmsten der Armen gehören und die sich trotzdem dafür entscheiden, alles treiben zu lassen und den Kopf in den Sand stecken, um die Probleme nicht sehen zu müssen.

Ihr glaubt gar nicht, was man in der Praxis so erlebt: Da jammert ein Rentner, er müsse mit *1000 Euro Rente auskommen*, dann zieht er ein 800-Euro Smartphone aus der Tasche und gibt seinem Sohn den Auftrag, noch 4 Schachteln Zigaretten mitzubringen. Als ich fragte, wieviel er denn so rauche, kam es ganz trocken: ein bis zwei Päckchen pro Tag. Bei einem Packungspreis von derzeit um die 5 € macht das 7,50 € pro Tag mal 30 = 225 Euro pro Monat. Da sagt man nichts mehr und denkt sich nur noch: Dafür macht er den Krankenkassen wenigstens nicht das Problem der Langlebigkeit." „Und das ist noch nicht einmal gesagt", meinte Brigitte, „schau mal auf unseren Altkanzler Schmidt, oder auf Winston Churchill, die haben es trotz Dauerqualmen bis in ihre Neunziger hinein geschafft." „Waren prima Vorbilder", knurrte Jürgen. „Na, jetzt sei mal nicht so streng", grinste Gerhard, „schließlich brauchen Politiker „gut geräuchertes Fleisch", damit sie länger durchhalten." Marlies meinte, „ich möchte zwar keine Politikerin sein, aber diese Beispiele sind doch immer wieder Wasser auf die Mühlen derjenigen, die sagen, wird schon nicht so schlimm werden. Die „paar Fälle", wo´s schief geht, **das betrifft doch immer nur die Anderen."**

„Wenn man ehrlich ist, steckt diese Haltung aber in jedem von uns", gab Wolfgang zu. „Das ist eine angeborene natürliche „Entscheidungs-Trägheit". Jede Entscheidung braucht Energie und wenn man ohne Entscheidung einfach alles belassen kann, wie es ist, dann macht das viel weniger Stress. Das ist wie ein Selbstschutz. Und die

Umwelt wird für einen Moment einfach ausgeblendet: Was nicht sein darf – das nicht sein kann." "Oder, fügte Brigitte, die gebürtige Rheinländerin hinzu, wie sagen wir in Kölle? **„Et es wie et es! Et kütt wie et kütt! Et hät noch immer jot jejange!"** (Es ist, wie es ist, es kommt, wie es kommt, es ist noch immer gut gegangen.)

„Da kannste eigentlich nur noch hinzusetzen: Kölle Alaaf!", meinte Gerhard grinsend.

„Tja", meldete sich jetzt Jürgen wieder, "das Leben ist schon sonderbar: Bei *zig-Millionen* funktioniert diese Einstellung. Am Ende ihres Lebens ging es ihnen zwar nicht besser als heute, aber sie haben ganz ordentlich Geld gespart und keine größeren Probleme bekommen. Aber bei *ein paar Millionen* hat es leider nicht funktioniert: Die wurden in ihrer Existenz bis auf „0" zurückgeworfen und hatten den Rest ihres Lebens mit Schmerzen oder finanziellem Chaos zu kämpfen. Auch die haben Geld gespart, das sie aber bestimmt liebend gerne ausgegeben hätten, wenn sie es **vorher** gewusst hätten. Das kann innerhalb einer einzigen Familie passieren! Ein Fall aus der Praxis: Der Vater wird mit 45 vom Auto überfahren und braucht keine Pflegevorsorge mehr. Dafür wäre die Familie froh gewesen, wenn er wenigstens eine ausreichende Lebens- oder Unfallversicherung abgeschlossen **hätte**. Die Mutter schaffte es trotz allem, die Familie durchzubringen, bis sie mit 75 Jahren an Alzheimer erkrankte und ein gerichtlich bestellter Pfleger sie in ein Pflegeheim einweisen lässt. Jetzt können die Kinder doppelt seufzen: **„Ach hätten sie nur."**
Die passenden Vollmachten und eine Pflegevorsorge hätten das Rest-Erbe gerettet. So mussten sich, stattdessen, die

beiden Kinder auch noch an der Finanzierung der Heimkosten beteiligen. Man weiß es halt nicht vorher... Deshalb ist es klug, das abzusichern, was passieren **kann** und nicht die Wahrscheinlichkeits-Rechnung zu bemühen, wie groß die Gefahr sei, dass man selbst betroffen wäre. Das tun nur harte Zocker, denn diese Wahrscheinlichkeit beträgt 50:50."

„Nee, nee", warf Marianne ein, „ich will das gar nicht vorher wissen. Da gehe ich lieber 3 Tage weniger in Urlaub und zahle meine Versicherung." „Eine gute Alternative" schmunzelte Jürgen. „Aber wie ihr seht, führt auch an dem zweiten Kostenblock „Vollmachten/Verfügungen" kein Weg vorbei. Wer diese Ausgaben scheut, wird beim Streben nach dem Lebensziel „In Würde selbstbestimmt zu altern" auf die **Chance „Fifty : Fifty"** zurückgeworfen.

Gerhard fragte jetzt: „Wie ist das eigentlich bei den **Banken?**" Braucht man da **spezielle Vollmachten**? Jürgen nickte. Vielen Dank für die Frage, denn hier handelt es sich tatsächlich um ein Problem, bei dem viele Menschen schlichtweg einiges durcheinander bringen. Es gibt „Einzelkonten", mit und ohne **Zeichnungsvollmacht**. Über das **Konto** verfügen kann nur der Kontoinhaber. Ist das beispielsweise der Mann, und die Frau ist zeichnungsberechtigt, kann auch sie Ein- und Auszahlungen tätigen. Schließt der Mann aber das Konto, was die Frau in dem Fall nicht kann, dann schaut sie in die Röhre – es sei denn, sie hätte „den Braten gerochen" und das Konto vorher leer geräumt. Bei Scheidungen kommt das hin und wieder vor." „Man muss also erst das Konto verlagern, bevor man mit dem Scheidungswunsch rausrückt", grinste Wolfgang. „Da gibt es für dich gar nichts zu verlagern, konterte seine Frau. Vorsichtshalber habe ich alle Konten auf mich angelegt. Du kannst dann ja wieder „von der Hand in den Mund leben", wie Zahnärzte das sowieso ihr Lebtag tun."

Gerhard mischte sich jetzt noch einmal ein: „Ist die Bankenvollmacht denn nicht in der Vorsorgevollmacht enthalten?" „Nein, leider nicht so umfassend, wie man das gerne hätte und eventuell auch vermuten könnte. Du bist zwar berechtigt, in Vollmacht mit der Bank zu verhandeln, was aber bestehende Konten angeht, müssen die Banken auch die bestehenden Zeichnungsbevollmächtigungen beachten, die wiederum nur der Kontoinhaber zurücknehmen kann. Deshalb empfiehlt es sich dringend, ein kurzes, kostenloses Gespräch mit der jeweiligen Bank zu führen und auf deren Haus-Formularen *Vollmachten* festzulegen. Und zwar unbedingt: **„Vollmachten über den Tod hinaus."** Nur so ist gewährleistet, dass die Konten nicht nach dem Tod wochenlang gesperrt bleiben, bis die Gerichte den Erbschein ausgestellt haben. Denn: Dazu sind die Banken vom Finanzamt verpflichtet, sobald sie vom Ableben eines Kunden erfahren haben."
„Da wissen wir jetzt ja, was wir am Montag als erstes tun", sagte Wolfgang. „Auf zur Bank und alle Konten auf mich umschreiben." "Denkste, mein Lieber", grinste seine Frau, „du kannst froh sein, wenn ich dir eine Vollmacht einräume."

„Und wie verhält es sich mit den Konten, die auf beide Namen lauten", hakte Gerhard noch einmal nach. „Das sind dann sogenannte „Gemeinschaftskonten", da haben alle Kontoinhaber die gleichen Rechte und brauchen selbstverständlich keine Vollmachten mehr. Die Verfügungen über den Tod hinaus würde ich aber sicherheitshalber bei jeder Bank auch hier extra ansprechen.

"Kann man das, mit den Vollmachten denn nicht überhaupt alles selbst organisieren?" Jürgen antwortete: „Wenn Du studierter Jurist bist, eventuell. Aber auch dieser muss noch zwei extrem wichtige Hürden meistern. Zum einen genügt es nicht, eine Vollmacht zu haben, sie muss im Bedarfsfall vom Bevollmächtigten **sofort im Original** vorgelegt werden können. Und zweitens spielt die „Erdrotation" noch einen entscheidenden Part in diesem Spiel." „Die Erdrotation?" staunten die Anderen. „Bist du jetzt unter die Esoteriker gegangen?" „Nein, nein", wehrte Jürgen ab „das ist nur ein Bild für die unbestreitbare und unumstößliche Tatsache, dass alles auf der Welt sich ständig ändert." „Das hat mein alter griechischer Kumpel Heraklit auch schon behauptet und befohlen: „In´n Panda rein!"", musste Studienrat Jürgen jetzt seinen Schülerscherz loswerden. „Har, har", machte Doc Wolfgang. „Und weist du auch, wie es wirklich heißt?" „Panda rhei", erklang es jetzt fast im Chor von allen Seiten, denn vorhandene Bildung musste schließlich demonstriert werden. „Alles fließt!"

„So ist es", bestätigte Jürgen. „Die geltenden Gesetze ändern sich ständig und das muss für eine rechtssichere Vollmacht oder Verfügung natürlich berücksichtigt werden. Die äußeren Umstände ändern sich: Man zieht um, es kommen weitere Kinder, man lässt sich scheiden, die

Kinder gehen aus dem Haus, die zu verwaltenden Vermögenswerte ändern sich ständig und – nicht zuletzt, auch die eigenen Vorstellungen und Wertbegriffe passen sich dem wachsenden Lebensalter an. Das ist unausbleiblich. Oder hat einer von Euch noch die gleichen Vorstellungen und Ziele, wie als Teenager? Na also. Deshalb müssen gerade diese rechtlichen Grundlagen jedes Jahr wenigstens einmal auf Aktualität abgeklopft werden. Jeder von Euch weiß, wie schnell ein Jahr vergeht." „Je älter man wird, desto schneller", warf Marianne ein. „Dann musst du eben heiraten, da kommen dir die Jahre endlos vor", versuchte Doc Wolfgang einen Scherz, brachte sich aber sofort mit einer schnellen Ausweichbewegung nach rechts vor dem Ellenbogenstoß seiner Gattin in Sicherheit. „Lasse uns mal nach Hause kommen", drohte sie. „Da wird dir die die Zeit nicht lang werden." „Oh je", jammerte Wolfgang theatralisch, „bei wem bekomme ich heute Nacht Asyl?" „Noch ein Asylant mehr, kommt nicht in die Tüte" grinste Marianne. „Hättest du mal meinen Einwand unkommentiert gelassen." „Genau", schaltete sich Jürgen wieder ein „und deshalb muss ein Verwaltungs-Aufwand automatisiert werden, sonst gerät er in Vergessenheit. Und das kann kein Einzelner auf Dauer leisten. Und ein Anwalt oder Notar wird die Haftung auch nicht eingehen wollen, diesen Service für euch zu übernehmen. Es wäre schlicht viel zu teuer. Deshalb gibt es dafür bestimmte Servicefirmen, die sich darauf spezialisiert haben und bei denen es dann „die automatisiert gesteuerte Masse bringt". Ich investiere gerne monatlich 6 €uro, um die beiden Probleme sicher gelöst zu wissen. Übrigens: Auch selbstgefertigte oder schon vorhandene Vollmachten können dort eingepflegt werden."

„Jetzt zog Jürgen einen kleinen Aufsatz aus seiner Arbeitstasche und gab jedem seiner Gäste ein Exemplar an die Hand. Sie lasen:

Vollmachten und Verfügungen

„Wer Entscheidungen nicht plant
sondern sich erst darum kümmert,
wenn die Entscheidung fallen muss, der handelt zu spät."
Konfuzius, chin. Philosoph, 551 v. Chr. bis 479 v.Chr.

Man kann es eigentlich kaum glauben: Um nach eigener Vorstellung selbstbestimmt zu leben, benötigt man in bestimmten Lebenslagen: Eindeutige Vollmachten und Verfügungen. Und das geschieht, auf weite Sicht, sogar zu Ihrem eigenen Schutz! Wenn Sie sich selbst – höchst persönlich – nicht mehr äußern können und Ihren eigenen Willen nicht mehr selbst durchsetzen können, kann und darf das letztlich nur einer: <u>Der Staat.</u> Das ist im § 1896 des Bürgerlichen Gesetzbuchs so geregelt.

<u>Der Staat hat die Pflicht, Sie und Ihr Leben zu schützen.</u> Für den Fall, dass Sie selbst außerstande sind, für sich zu sprechen, gibt es „Berufsbetreuer", meist Anwälte und Sozialarbeiter, die zu diesem Zweck vom Familiengericht (in einigen Bundesländern auch „Betreuungsgericht" genannt, einer Unterabteilung des Amtsgerichts) eingesetzt werden. Früher einmal war es das berühmt-berüchtigte „Vormundschaftsgericht".

Niemand kann den Staat von seiner Fürsorgepflicht abhalten:

- Kein Ehemann / keine Ehefrau
- Kein Lebensgefährte oder –Gefährtin
- Keine Kinder

- Keine Eltern
- Keine Paten oder sonstige Verwandten
- Keine Freunde und Vertraute

Jeder der Genannten *könnte* ja eigennützige Vorstellungen haben. Er könnte Teile Ihres Vermögens für sich selbst abzweigen oder Ihr Geld aus der Sicht Dritter verschwenden oder verplempern. Bedenken Sie, in Fällen, in denen Sie (schon) nicht mehr ansprechbar sind, rücken in vielen Familien die (Mit-)Erben näher heran...

Der vom Gericht eingesetzte Betreuer muss über jede seiner Handlungen und Ausgaben gegenüber dem Familiengericht regelmäßig schriftlich Rechenschaft ablegen. Er stellt an das Gericht seine Rechnung, das Gericht prüft, genehmigt und ... **Sie** bezahlen aus Ihrem Vermögen.

Sollte je einmal gar keines vorhanden sein, bezahlt das Sozialamt (§ 1836 d, BGB) – natürlich mit den entsprechenden Konsequenzen für die Kinder, die man ja schon vom Pflege-Unterhalt her kennt.

Selbstverständlich kann sich jede volljährige unbescholtene Person, auch aus dem persönlichen Umfeld, beim Familiengericht als Betreuer bewerben und wird in aller Regel auch eingesetzt. Aber: Auch der zum Betreuer ernannte **Ehepartner unterliegt den oben beschriebenen Vorschriften. Freie Verfügung über die Konten? Vergessen Sie es. Vermögenswerte verkaufen, wenn das Geld ausgeht? Nur nach langen Berichten, Anträgen und Genehmigungsverfahren.**

Warum wollen Sie das den Menschen antun, die sich um Sie sorgen und kümmern? Sie können es ganz einfach und rechtssicher vermeiden! Erstellen Sie rechtzeitig (das heißt sofort und umgehend) eine **Betreuungsvollmacht** für mindestens 3 Bevollmächtigte Ihres Vertrauens. [Kostet nicht mehr als eine. (☺)] In funktionierenden Familien bieten sich Ehepartner und Kinder und andere jüngere Bekannte an. Gleichalte (!) Freunde eher nicht.

Im Internet gibt es eine ganze Reihe „Live-Beispiele", welche verheerenden Folgen fehlende oder falsche Vollmachten oder Verfügungen haben. Nachdem Sie sich drei oder vier dieser Kurzfilme angesehen haben, werden Sie unmittelbar danach sofort abschließen wollen, aber leider lässt die Wirkung bekannter Weise mit der Zeit nach und es braucht schon einen starken Charakter, diesen guten und richtigen Vorsatz letztlich auch wirklich in die Tat umzusetzen.

https://www.youtube.com/results?search_query=Vorsorgevollmachten,

(In der e-book-Version können Sie diesen Hyperlink direkt nutzen.)

Für die, die jetzt nicht zum Computer eilen wollen, hier noch 3 Beispiele in „Prosa". Alle drei Fälle aus dem gelebten Leben:

Beispiel 1:

Der Fall von Iris T., deren Mann Peter durch einen Unfall zu einem **Wachkoma-Patient** wurde. Seine Unfallversicherung hat 350.000.- Euro auf das ihr bekannte Konto ihres Versicherungsnehmers ausgezahlt. Da aber aufgrund einer **fehlenden Vorsorgevollmacht** ein gerichtlich bestellter Betreuer eingesetzt wurde, kann **die Familie nicht über dieses Geld aus der Versicherung verfügen.** Es darf ausschließlich nur für die Versorgung von Peter T. eingesetzt werden!

Beispiel 2:

Hartmut P. heiratet ein zweites Mal und **hat ein Kind aus erster Ehe.** Als Hartmut P. verstirbt, erbt seine Frau 50% des gemeinsamen Hauses (ihr gehören damit 75%) und seine Tochter die restlichen 50% *seines* Anteils. **Aufgrund der Minderjährigkeit entscheidet nun aber die Ex-Frau als Erziehungsberechtigte der Tochter bei allen Entscheidungen zur Immobilie mit!** Dieses Problem wäre über ein **Testament** einfach vermeidbar gewesen.

Beispiel 3:

Christin L. und Thomas S. führen eine **„wilde Ehe".** Thomas besitzt ein Haus im Wert von 500.000.- € in dem beide glücklich zusammen leben. Thomas möchte sicherstellen, dass Christin weiter im gemeinsamen Heim leben kann, wenn ihm etwas zustößt. Er setzt ein Testament auf, in dem er Christin das Haus vererbt. Nach seinem Tod meldet sich das Finanzamt und verlangt von Christin 106.500.- Erbschaftssteuer und Thomas Eltern beanspruchen Ihren Pflichtteil (25% = 125.000.- €). Da Christin keine 231.500.- € auf der Seite hat, muss Sie **das Haus nun doch verkaufen, um alle Ansprüche zu befrieden.**

PFLEGE mit Vollmachten: Selbstbestimmt.
PFLEGE ohne Vollmachten: Das Amtsgericht übernimmt.

Für alle, die glauben soo oft kommt das schon nicht vor…

In den 5 Jahren, zwischen 2010 und 2015 gab es deutlich über 1 Million Anfragen an das „Zentrale Vorsorgeregister der Bundesnotarkammer". (ZVR)
Das entspricht durchschnittlich 638 Anfragen PRO TAG!

In etwas über 86.000 Fällen konnte das Eingreifen der Amtsgerichte, Abteilung Familiengericht bzw. Betreuungsgericht, durch gemeldete Vollmachten verhindert werden.
Das sind lediglich 48 PRO TAG!

JEDER TAG beginnt für weitere 590 Familien in Deutschland mit Ärger und mit hohen Kosten, nur weil man 200 bzw. 400 Euro gescheut hat, um rechtzeitig Vollmachten und Verfügungen zu erstellen. Jetzt kostet es nicht selten in die Tausende, wenn fremde Menschen über Sie bestimmen.

Wer einen Handwerksbetrieb, eine Praxis oder eine Firma besitzt und somit auch für die Arbeitsplatzsicherheit von Angestellten verantwortlich ist - unter Umständen für hunderte von Menschen – muss zwar bei der Einrichtung etwas mehr aufwenden, kann das aber auch voll von der Steuer absetzen.

Fragen Sie sich in diesem Zusammenhang einmal ganz ehrlich: *„Wie läuft mein Betrieb weiter, wenn ich morgen ins (jahrelange?) Koma falle?" Ist da wirklich alles geregelt? Wer hat letztlich das Chaos auszubaden? Der Ehepartner, die Kinder, die Mitarbeiter?- Die Kunden?*

Deshalb: Handeln Sie zügig! **Jeder Volljährige ab 18** ist angesprochen! Glauben Sie nur nicht, Selbstbestimmung sei eine Frage des Alters. Schauen Sie nur in die Schweiz:

Der siebenfache Formel 1 – Weltmeister Michael Schuhmacher war bei seinem völlig alltäglichen Ski-Unfall gerade mal 45 Jahre. Das ist höchstens aus der Sicht eines Zwanzigjährigen „alt".

„Ihr seht hier die bittere Wahrheit: **Jeden Tag** bekommen (im Schnitt) weitere (!) 590 Familien Ärger und erhebliche Kosten, weil sich die Amtsgerichte in ihr Leben einmischen **müssen**! Jeden Tag! Klar, bei etwa 65 Millionen erwachsenen Einwohnern sind das vielleicht nicht viele. Und trotzdem kennt fast jeder irgendjemanden, der schon einmal Probleme mit Vollmachten oder Patientenverfügungen hatte.

Das Thema ist im Blick. Doch leider bleibt es dort meistens. Man *müsste* und man *sollte*, **aber man tut nicht**.

Jetzt meldete sich Brigitte noch einmal: „**Müssen** diese Vollmachten eigentlich immer **notariell beglaubigt** sein?" Beim Testament genügt doch auch die privatschriftliche Form, die man zuhause aufbewahrt." „Das ist richtig ergänzte Jürgen, handschriftlich geschrieben, unterschrieben und mit Ort und Datum versehen, gilt jedes entsprechende Schriftstück als wirksames Testament. Und zwar immer das Neueste! Blöd, wenn es zwei oder gar noch mehr Varianten gibt.

Für **Vollmachten** sind die gesetzlichen Vorschriften nicht ganz so hart: Grundsätzlich müssen sie zuerst einmal **nicht notariell** vorliegen, ABER: **Wer eine notarielle Vollmacht oder Verfügung vorlegen kann, der vermeidet, im Fall der Fälle eine Menge Lauferei und Zusatz-Formalitäten.** Jeder, dem eine Vollmacht vorgelegt wird, kann entweder eine Unterschriftsbeglaubigung verlangen, womit wir nicht unbedingt beim Notar wären, denn wer ein Dienstsiegel führt, darf auch beglaubigen, dass Unterschriften echt sind. Also, auf zum Rathaus, zu einer Postfiliale oder einer Bank, oder einer Schule oder sogar zum Kirchenbüro. Sie alle können (oft, aber nicht immer!) kostenlos beglaubigen. Für Bank- und Kreditgeschäfte werden die meisten Institute beurkundete Vollmachten verlangen. Das heißt, ihr geht mit eurer Vollmacht zum... na?" „Notar?" „Genau. Der prüft den Text und beurkundet ihn mit einer Urkunden-Nummer. Und um es abzurunden: Wer beim Grundbuchamt oder Handelsregister tätig werden muss, der braucht unabdingbar eine notarielle Vollmacht, denn hier geht es um den „öffentlichen Glauben". Wolfgang warf ein „wenn das alles so kompliziert wird, ist es ja doch cleverer, alles von Anfang an notariell zu machen." „Du sagst es überdeutlich" stimmte Jürgen zu. „Und darüber hinaus hast du zu jederzeit einen, der haftbar ist, wenn es zu Schwierigkeiten kommen sollte. Als ob du eine Fachwerkstatt beauftragst und Garantieansprüche hast, statt alles selbst zu verpfuschen. Durch den Einbezug eines Notars genießt ein Rechtsakt „öffentlichen Glauben". (*Ein Notar lügt nie.* ☺) So kann auch ein notarielles Testament bedenkenlos überall vorgelegt werden (wichtig: bei Banken!) und es erleichtert eine gerichtliche Auseinandersetzung ungemein, wenn die Beweislage öffentlich dokumentiert ist. Private Dokumente können im schlimmsten Fall ganz ignoriert werden oder zur Fälschung behauptet werden. Dann findet man sich plötzlich in der misslichen Situation, die Echtheit beweisen zu müssen, was oft, mangels Zeugen – oder gar gegen gekaufte Zeugen – (So was gibt es auch!) gar nicht gelingt.

Fazit: Die notarielle Dokumentation ist immer die rechtssicherste, und darum geht es ja letztendlich bei alledem. Sonst könnte man ja auch *gar nichts* machen und sich im Zweifelsfall mit der gesamten „buckligen Verwandtschaft" überwerfen. Ein weiteres Merkblatt wechselte die Besitzer.

Mit der **im zentralen Vorsorgeregister der Bundesnotarkammer (ZVR) registrierten (nicht hinterlegten!) Vollmacht** signalisieren Sie dem Gericht, dass Sie sich um Ihre Versorgung selbst gekümmert haben. Es wird dann vorläufig nicht mehr tätig, es sei denn, die Erben geraten in Streit und zeigen sich gegenseitig bei Gericht an. Deshalb sollten die Bevollmächtigten genauestens **schriftlich** informiert werden, was **Ihre** Vorstellungen und Wünsche sind. Dazu benötigt jeder eine **Betreuungsverfügung.** Um nicht einzelne Personen zu überlasten oder auch zu überfordern, können Sie die Gesamtaufgabe auch auf mehrere Betreuer verteilen und in der Betreuungsverfügung festlegen, wer, wann was zu bestimmen hat. Abstimmen ist gut, streiten weniger.

Wer bis hierher einverstanden sein kann, muss natürlich auch für die **jederzeitige schnelle Auffindbarkeit der Dokumente** sorgen. Das geschieht am sichersten mit Hilfe eines darauf spezialisierten Dienstleisters, wo alle Originale rund um die Uhr an jedem Tag des Jahres abrufbar sind. Das kann für den Fall, dass man nicht ansprechbar ins Krankenhaus eingeliefert wird, von entscheidender Bedeutung sein! Eine entsprechend ausgefüllte Notfallkarte sollten Sie stets bei sich tragen, denn wen sollte das Klinikpersonal sonst informieren?

Und schließlich sollten Sie nicht vergessen, was immer und immer wieder bedacht werden sollte: *Die Welt ändert sich täglich. Sie ändern sich mit. Gesetze ändern sich!* Oft so schnell, dass sie schon nicht mehr gelten, bevor sie das erste Mal veröffentlicht sind. Davon ist das Familienrecht nicht ausgenommen. Vielleicht kennen Sie noch Begriffe, wie

„Vormund" und „Vormundschaftsgericht". Beides gibt es nicht mehr. „Betreuer" und „Familiengericht" haben diese Aufgaben und noch einige mehr übernommen.

Um ein ganz böses Erwachen zu vermeiden, ist es demnach sehr wichtig, die einmal formulierten Vollmachten und Verfügungen mindestens **einmal jährlich an die aktuelle (Gesetzes-)Lage anzupassen.** Spätestens jetzt ist jeder Laie hoffnungslos überfordert. Selbst wer bis hierher die höheren Kosten für einen persönlichen Rechtsanwalt und/oder Notar aufgebracht hat, stößt jetzt an Grenzen. Ich kenne keinen einzigen Anwalt oder Notar, der sich freiwillig die Haftung aufbürdet, auf womöglich Jahrzehnte hinaus, diesen Auftrag zu erfüllen.

Eine Gruppe von Anwälten und Notaren, die sich auf dieses Thema spezialisiert haben und die diese Aufgabe zeitgleich für tausende Mandanten auf einmal erbringen, ist beispielsweise die Deutsche Vorsorgedatenbank AG. Aber es gibt natürlich auch andere Mitbewerber, die sich im Internet auffinden lassen. Lizensierte Generationenberater kennen die empfehlenswertesten.

Fazit:

In meiner langjährigen Beratungspraxis habe ich immer wieder festgestellt, dass die Problematik der Rechtssicherheit für das tägliche Leben eines Menschen, der sich selbst nicht mehr äußern kann, zuerst einmal in ihrer Konsequenz **weitgehend unbekannt** ist. Die meisten Menschen glauben, ihnen könnte „so etwas" nicht passieren. Und wenn, dann würden der Ehepartner oder zumindest die „Familie" weiter für sie sorgen.

Wenn dann die o.g. Aufklärung erfolgt ist, und die **Konsequenz klar geworden ist, dass von heute auf morgen fremde Menschen im Haus ein- und ausgehen oder sich mit den persönlichsten Dingen befassen und über mich und mein Leben, an meinen Verwandten vorbei bestimmen können,** dann ist der Entschluss schnell gefasst:

„Da **muss** ich sofort „etwas" tun." Und dann … geschieht trotzdem nichts, weil die Realisierung am Beginn durchaus mit einigem Aufwand verbunden ist und man immer noch nicht weiß, an wen man sich jetzt wenden muss.

Der „erste Schock" verliert an Wirkung und das Ganze gerät auf die „lange Bank", von wo es irgendwann mal hinten runter in die Vergessenheit fällt. Bis, ja bis man dann doch selbst in die beschriebene Lage kommt und eben nicht mehr „der Andere". Dann bleibt leider nur noch der Seufzer *„Ach hätte ich doch"*.

Das passende Goethewort dazu:

„Es ist nicht genug zu wollen, man muss auch tun!"

Aber! Man braucht nicht auf Goethe zu warten, um für dieses menschlichste aller menschlichen Phänomene den „richtigen Spruch" zu bekommen. Bereits **500 Jahre n.Ch.** erzählte das indische Pantschatantra folgendes Märchen:

Die Geschichte von den „allzu klugen Fischen"

In einem Teich wohnten zwei Fische, Satabuddhi, (Hundertklug) und Sahasabuddhi (Tausendklug). Diese beiden hatten den Frosch Ekabuddhi (Einmalklug), zum Freunde. So genossen sie alle drei eine Zeitlang am Ufer des Teiches das Vergnügen geselliger Unterhaltung und kehrten dann ins tiefe Wasser zurück.

Als sie nun einmal zur Unterhaltung zusammengekommen waren, schritten um die Zeit des Sonnenuntergangs mit Netzen in der Hand Fischer heran, die auf dem Kopf viele getötete Fische trugen. Als sie den Teich sahen, sprachen sie untereinander: „Ah, dieser Teich scheint viele Fische zu enthalten und hat sehr wenig Wasser. Darum wollen wir morgen früh hierher gehen!" Nach diesen Worten gingen sie nach Hause.

Nachdem jene aber diese einem Donnerschlag gleiche Rede gehört hatten, hielten sie miteinander Rat. Da sagte der Frosch: „Ach, lieber Hundertklug und Tausendklug, was ist hier angemessen: Sollen wir fliehen oder bleiben?" Darauf lachte Tausenklug und meinte: „Ach Freund, lass dich doch nicht durch das bloße Hören einer Rede in Furcht setzen! Es ist nicht wahrscheinlich, dass sie kommen; gesetzt aber, sie kämen doch, dann werde ich, durch die Macht meines Verstandes, sowohl dich als auch mich zu schützen wissen, denn ich kenne viele Wege des Wassers." Nachdem Hundertklug das gehört hatte, sagte er: „Ah! Was Tausendklug sagt ist richtig. Man soll daher auf das bloße Hören einer Rede hin nicht den von den

Ahnen her von Geschlecht zu Geschlecht vererbten Geburtsort verlassen. Auch keinen Schritt weit dürfen wir uns entfernen! Ich werde dich durch die Macht meines Verstandes beschützen. Der Frosch erwiderte: "Ich habe nur einen einzigen Verstand, aber der rät mir zu fliehen. Ich gehe noch heutigen Tages mit meiner Frau zu einem anderen Teiche."

Am folgenden Tage aber kamen in der Frühe die Fischer, ähnlich den Dienern des Todesgottes, herbei, bedeckten den Teich mit Netzen und alle Wassertiere wurden in den Netzen gefangen. Auch jene beiden, Hundertklug und Tausendklug, waren dabei, obgleich sie flohen und sich lange Zeit durch ihre Kenntnis verschiedener Wege, durch Hin- und Herschwimmen schützten. Doch schließlich fielen auch sie samt ihren Frauen ins Netz und wurden getötet. Hundertklug wurde wegen seiner Schwere auf dem Kopfe getragen. Den Tausendklug hatte ein anderer an einen Strick gebunden und schleppte ihn so dahin.

Da sagte der Frosch Einmalklug, der auf den Rand seines neu bewohnten Teiches gestiegen war, zu seiner Frau: „Sieh! Sieh, Meine Liebe! Herr Hundertklug liegt auf dem Kopf, Herr Tausenklug hängt an dem Strick, Herr Einmalklug jedoch spielt munter in der klaren Flut."

Die Moral:

Erst wenn auf das „Hören" das „Denken" und dann das „Handeln" folgt, kann man von *Klugheit* sprechen.

„Tja", meinte jetzt sogar Doc Wolfgang nach dem Überfliegen dieser Ausdrucke „die Rechtslage war mir in der Konsequenz auch nicht bewusst. Das ist ja wirklich der Hammer." Erfreut registrierte Jürgen, dass seine Informationen einen echten Mehrwert für seine Freunde boten und er fuhr voller Elan fort:

„Wenn Ihr diese Hinweise ernst nehmt und eine Vorsorge-Vollmacht in Verbindung mit Betreuungsverfügungen, sowie mit einer Patientenverfügung in Verbindung mit einer leistungsfähigen Krankenversicherung, sowie einer passenden Pflege-Zusatzversicherung als Ergänzung zur staatlichen Pflegerente einrichtet und das noch ergänzt um die notwendigsten Basisversicherungen, dann habt Ihr das „Drei-Säulen-Fundament" eines top-organisierten Ruhestandes errichtet. Jetzt braucht es nur Geld, um das ganze zu finanzieren, um eure restlichen Tage sorgenfrei zu verbringen. Wie Ihr vorhin gesehen habt, reicht dafür bereits der monatliche Aufwand eines starken Rauchers um alles optimal zu verwirklichen.

„Jetzt ist zum zweiten Mal der Ausdruck „ Basisversicherungen" gefallen", fasste Marianne nach, „welche sind das denn?" „ Oh Pardon, da habe ich glatt vergessen, Euch dieses Infoblatt auch noch zu geben. Mit diesen Worten zog er weitere DIN A4-Seiten aus seiner Mappe und gab jedem ein Exemplar:

RENTNER-Basis-Schutz für Geld und Besitz

Auf diese Versicherungen sollten Sie auch im Ruhestand keinesfalls verzichten.

Haftpflicht-versicherung	wegen der unbegrenzten Haftung mit dem vollem Vermögen, nach

§ 823 BGB:

"Wer vorsätzlich oder fahrlässig das Leben, den Körper, die Gesundheit, die Freiheit, das Eigentum oder ein sonstiges Recht eines Anderen widerrechtlich verletzt, ist dem Anderen zum Ersatz des daraus entstehenden Schadens verpflichtet."

Hausrat-versicherung	gegen unvorhergesehene Kosten zur „Unzeit"
inclusive (!) Elementarschaden	nur mit diesem Einschluss gegen Hagel, Sturm und Überschwemmung geschützt!
Kfz-Versicherung(en)	Haftpflicht (s.o.) Kasko: gegen Verluste zur Unzeit
Rechtsschutz	Um sich im Zweifelsfall gerichtlich wehren zu können, bzw. sein Recht durchzusetzen.

Und das war´s auch schon!

Alles weitere sind individuelle Anpassungen.

Zum Beispiel „Sonderrisiken", die nicht auf jeden zutreffen, die aber ebenfalls dringend mit Hilfe von Versicherungen finanziell abgesichert werden müssen. Die nachfolgende Aufzählung betrifft nur die häufigsten (Privat)Risiken. Sie hat keinesfalls den Anspruch auf Vollständigkeit:

- Hausbesitzer,   Öltankbesitzer
- Hundebesitzer, Pferdebesitzer, ,
- Eigentümer   eigengenützter und vermieteter Wohnungen, Ferienhausbesitzer,
- Hobbies wie: Modellflug, Segelflug, Jagd, Tauchen u.a.m.

Jede Besonderheit, die einer Person oder einer Tätigkeit zugrunde liegt, muss für sich analysiert und beurteilt werden, inwiefern eventuelle Schäden zum finanziellen Aus des Betreffenden führen würden. Falls das nicht geschehen kann, sollte man auch das Geld für die Versicherung sparen. (Zum Bsp. Ceranfeld-Versicherung, Handy- oder Brillenversicherung, Glasversicherung u.v.a.m.)

Am wichtigsten ist immer der Schutz vor dem sehr weitreichenden deutschen Haftungsrecht nach dem Bürgerlichen Gesetzbuch (BGB), welches jeden Volljährigen und Geschäftsfähigen betrifft. Bis an die Bahre.

„Du also, lieber Jägersmann", wandte er sich an Doc Wolfgang, „Du musst Deine Jagd-Haftpflicht auch als Rentner weiterführen, solange Du eben Tiere totschießt." „Hei, du weißt ganz genau, dass wir nicht nur totschießen", wehrte sich der Freund, aber Jürgen beruhigte ihn schnell: „Weiß ich doch, wollte dich nur mal dran erinnern, dass gepflegte Wälder wirklich schön sind und dass zufriedene Bauern auf ihren Kartoffelfeldern auch mal ernten können, ist auch sehr löblich. Aber so eine schöne dicke Wildsau, die du dort erlegst, gäbe doch auch einen guten Anlass, sich demnächst mal wieder zu einem Grillabend zu treffen, oder?"

„Da sind wir dabei", stimmten Gerhard und Marianne sofort zu. „Und du, Marianne", wandte sich Jürgen jetzt an die Freundin, „wenn Du auf deinem braunen Zossen dahin kommst, denke daran, deine Reiter- und Tierhalter-Haftpflicht pünktlich weiterzuzahlen."

„Und weil es so schön war, habe ich gleich noch eine kleine Grafik als Gedankenstütze: **Die drei Säulen des optimal organisierten Ruhestands.** Nehmt sie mit zu eurem nächsten Beratungsgespräch und es schafft euch das beruhigende Gefühl, optimal versorgt zu sein.
So geschützt, genügt nur noch eine stabile Gesundheit und Ihr könnt Euern Ruhestand in vollen Zügen genießen." „In leeren auch?" fragte Gerhard grinsend. „Wenn du dort noch einen Platz findest, ganz sicher auch."

Eine weitere Grafik wanderte zu den Zuhörern, die sie interessiert überprüften.

Diese drei „Säulen" benötigt jeder geschäftsfähige Erwachsene! Egal, ob Alt ob Jung! Egal, ob Reich ob Arm!

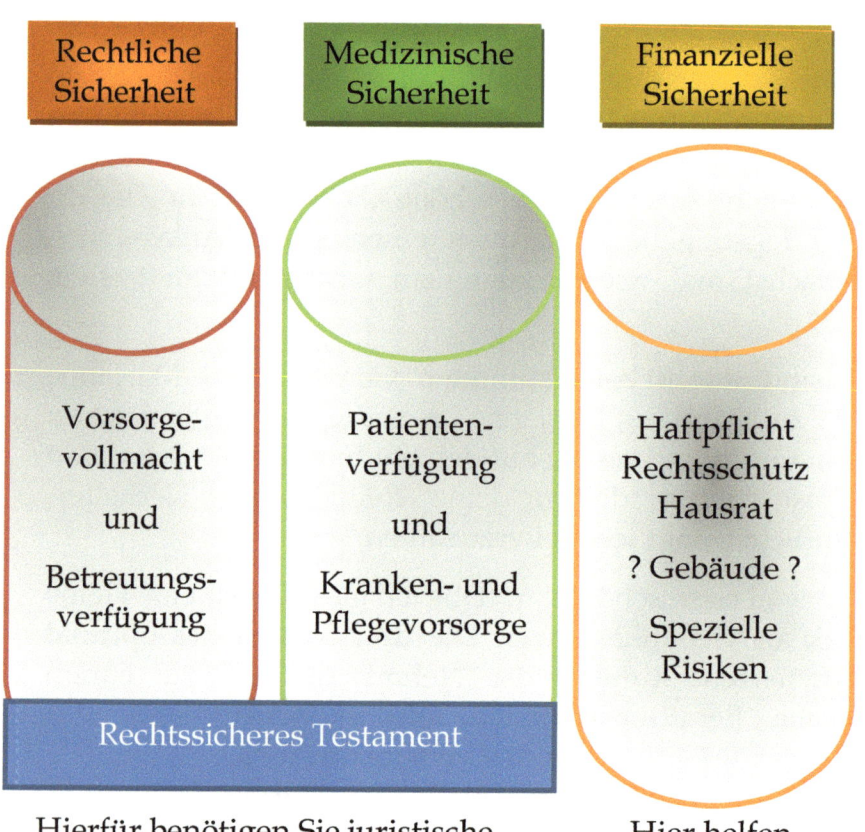

Hierfür benötigen Sie juristische Servicegesellschaften

oder einen
Fachanwalt für Erbrecht vor Ort

Hier helfen Versicherungs-Fachleute am besten unabhängige **Generationenberater**

Während die anderen sich noch die Grafiken anschauten ergänzte Jürgen: „Wie ich hier noch angemerkt habe, ist die Abfassung eines Testaments eine weitere Herausforderung für den Ruheständler, die man auch nicht zu lange hinausschieben sollte. Vor allem, für die, die etwas zum Vererben vorweisen können oder die mehrere Erben beglücken wollen." Jürgen grinste wieder mal und fuhr dann fort: „Ich hatte einen Kunden, der sagte mir: „Ich mache kein Testament, ich möchte, dass meine Erben *ehrlich* wegen mir weinen." und zu Marlies gewandt, fügte er schnell hinzu: „Ja ich weiß, das ist nicht dein Stil. **Wir** haben ja ein Testament..." „Wir auch, pflichteten Wolfgang und Brigitte bei. „Schon wegen der Mitarbeiter in der Praxis. Da muss alles klar geregelt sein." Vorbildlich, lobte Jürgen. „Und jetzt", fügte er hinzu, „vergesst bitte nicht, dieses Testament wenigstens einmal mal im Jahr in die Hand zu nehmen und zu prüfen, ob immer noch alles in eurem Sinn ist. Ist weiteres Vermögen dazu gekommen? Sind ursprünglich Bedachte bereits verstorben? Haben sich Eure Vorstellungen verändert? Das alles **muss** ja nicht Jahr für Jahr geschehen sein, aber – es **könnte**. Und schließlich soll ein Testament den Familienfrieden erhalten und nicht böses Blut aufkommen lassen."

„Da hast Du durchaus Recht, Jürgen", meinte Gerhard, „aber zum Hinterlassen muss ja eigentlich erst mal „was übrig" sein. Wenn ich mir jetzt mal *unsere* freien Mittel so ansehe, stimmt mich der Anblick eigentlich fast traurig. Gut, über die Pensionen, wie sie heute noch gezahlt werden, darf man bestimmt nicht meckern, da sind wir zufrieden. Aber die Verwalter der klammen Staatskassen bemerken jetzt immer häufiger, dass wir Beamte, ohne mit Streikrecht ausgestattet zu sein, durchaus noch „Reserven" für die Kassenlöcher bieten. Weihnachts- und Urlaubsgelder wurden gekürzt, Nullrunden bei den Gehältern wirken sich ebenso nachteilig aus wie Arbeitszeitverlängerungen, was viele meiner Kollegen, die´s nicht so sehr mit der Mathe haben, gar nicht als Kürzung wahrnehmen. Und wenn die Zahlen, die so hin und wieder veröffentlicht werden, nicht alles täuschen, dann werden die künftigen Pensionszahlungen bald Ausmaße annehmen, dass mehr als der halbe heutige Staatshaushalt dafür drauf gehen würde. Ich habe gelesen, die staatliche Finanzbuchhaltung hat gar **keine Rückstellungen für die Pensionsansprüche** gebildet. Wahrscheinlich mit der Vorstellung, wir zahlen unsere Staatsdiener heute ja auch aus dem laufenden Haushalt."

„Ihr lebt einfach zu lange", warf Marlies ein. „Ein staatsfreundlicher Pensionär hat gefälligst nach 1 bis 2 Jahren abzutreten und nicht noch 20 bis 25 Jahre genießen zu wollen! Und jedes Jahr kommen Neue dazu!" „Tja", bekräftigte Jürgen, „da hat mein treues Eheweib ausnahmsweise einmal Recht. Allerdings" – fuhr er schnell fort – „bei Euch beide wären wir für eine Ausnahmeregelung. Eine „Lex-Fischer", sozusagen, die besagt, dass Ihr noch 35 Jahre genießen dürft", „Und mit hundert soll dann Schluss sein?" hakte Marianne nach, „da fangen wir beide erst richtig an, nicht wahr, Schnäuzerle?" Schnäuzerle lächelte etwas gequält, als er die anderen grinsen sah und musste sich erst gedanklich wieder auf diesen humorvolle Ebene herunterbegeben, hatte er doch gerade noch sehr ernsthafte Überlegungen, die er selbst gar nicht witzig fand, in den Raum gestellt. Jürgen kam ihm sofort zu Hilfe: „Ohne Flachs, Schnäu---äh, Gerhard, du hast ja absolut Recht. Auch die viel beneideten Pensionen tragen letztlich mit dazu bei, dass dringend etwas zum Ausgleich und zur Anpassung der Kassenlage geschehen muss. Und es geschieht ja auch etwas. Vorläufig bekommen wir jetzt schon mal keine Zinsen mehr." „Was, das ist wegen Deinen Pensionen?" feixte Doc Wolfgang schon wieder. „Nein, wegen meinen", setzte Marianne noch einen drauf. Die Freunde wollten sich einfach den bisher angenehmen Abend nicht zerstören lassen. Wegen ein paar politischen Fehlentscheidungen. Schließlich gab´s davon ja genug...

Man tauschte noch einige Scherze aus, Gastgeberin Marlies füllte die Gläser aufs Neue und Doc Wolfgang war es dann, der als erster darauf hinwies: „Leute", sagte er, wir sind noch nicht fertig! Wir haben jetzt erst mal „den Tanzboden" zementiert. Jetzt brauchen wir auch noch die Mittel um unsere letzten „Tänzchen" zu wagen. Und da sieht es ja schlimmer als schlimm aus.

Hat einer von Euch eine Ahnung, wo es überhaupt noch Zinsen gibt? Oder sollen wir unsere Guthaben zuhause in den Tresor legen und von dort aus einfach „verballern?" Gerhard warf ein: „In der Tat, gestern stand in der Zeitung, dass es jetzt auch für 10-jährige deutsche Staatspapiere keine Zinsen mehr gibt. Der Schäuble bietet nur noch 0,05 Prozent, was nach Gebühren bedeutet, dass man drauf zahlt. 10 Jahre lang! Wer macht eigentlich einen solchen Total-Hirnriss mit?" wandte er sich an Jürgen, der sich etwas zurückgehalten hatte. „Da gibt es mehr als man denkt: Die sogenannten Institutionellen Anleger, die eingehende Zahlungen oder Beiträge, vom Gesetz vorgeschriebener Maßen, größtenteils in Staatspapieren halten **müssen:** Versicherungen, Pensionskassen, teils auch Investmentfonds, die, gemäß ihrer Ausrichtung Anleihen kaufen, und so weiter. Auf diese Weise sichert sich der Staat seine Geldquellen und im Moment läuft´s für ihn ja optimal.

Wenn es noch eine Weile so weitergeht und die „alten Staats-Schulden", für die Herr Schäuble noch bis zu 8 % zahlen muss, nach und nach alle mit „neuen Papieren", für die er nichts mehr bezahlt, abgelöst sind, dann hat sich der Staat quasi „durch die Hintertür entschuldet", denn die derzeitigen Papiere kosten nichts und wenn sie fällig werden, werden sie getilgt, mit Papieren, die auch nichts kosten – wo also ist noch eine „Belastung"? Für den Staat ist sie **verschwunden – der Bürger hat den „schwarzen Peter" insofern er nirgendwo mehr Zinsen erwirtschaften kann. Eine „Quasi-Enteignung" durch die Hintertür.**

Trotzdem wird es so auf Dauer nicht weitergehen können, denn die EZB, die ja im Moment **Monat für Monat** Staatsanleihen im Wert von **80 Milliarden (!)** aufkauft, „gehört" ja den Mitgliedsstaaten und muss ihre Gewinne demzufolge dorthin abliefern. Der Weg zum „Ende" ist längst beschritten. Deutschland zahlt zwar (noch) Zinsen, die es aber von der EZB zurückerhält, weil diese die Papiere aufgekauft hat. Da der Staat sein Volk (derzeit) nicht an diesen Gewinnen beteiligt (in Form von Investitio-

nen oder niedrigeren Steuern), hat er irgendwann einen Liquiditäts-Überschuss. Er muss gar keine neuen Obligationen mehr herausgeben (emittieren) sondern nimmt für seinen Haushalt die Ausschüttungen der EZB."
„Das sind ja „goldene Zeiten"", meinte Marianne. „Wozu dann die ganzen Ängste vor den „gigantischen Staats-Schulden" – es läuft ja alles wie von selbst! Das reinste Perpetuum mobile!"

„Auf die Idee könnte man kommen", stimmte Jürgen zu. **„Allerdings ist Geld, das nichts kostet ..."** **„...auch nichts wert"**, ergänzte Wolfgang. „Richtig", stimmte Jürgen zu, „und irgendwann gibt es einfach „zu viel" davon, und wenn es dann aus dem „Bankenkreislauf" , wo es bisher nach wie vor fest steckt, herausschwappt, wird es die Inflation so richtig befeuern. Und zwar deutlich weiter als die von Draghi so verzweifelt herbeigesehnten 2 Prozent."

„Wie muss man sich das denn vorstellen?" fragte Gerhard.
„Nun, eigentlich relativ einfach: Firmen wollen Umsätze steigern. Dazu brauchen sie Maschinen. Sie nehmen „Null-Prozent-Kredit" bei der Bank auf. Die Maschinen müssen bedient werden. Arbeiter und Angestellte müssen eingestellt werden. Diese können mit ihren vorhandenen Mitteln nirgendwo mehr Zinsen verdienen, also verlangen sie mehr Lohn. Im Gegensatz zu früher, wo sich Arbeitgeber und Gewerkschaften um jedes Prozent wochenlang gestritten haben, sehen die Chefs das jetzt viel lockerer: Sie nehmen weitere kostenlose Darlehen auf, um das Personal zu bezahlen. (Nebenbei: Ganz böser Fehler. Siehe hinten, Seite 98), Kredit für Konsum). Jetzt haben diese Menschen

mehr Geld in der Tasche, sie können mehr kaufen..." „statt es für ihr Alter zu sparen", entfuhr es Brigitte, „ja, genau so ist es, daran denkt der Mensch in seiner Freude über die Lohnerhöhung leider nicht. Diese erhöhte Nachfrage treibt die Preise und die Lust der Unternehmer noch mehr, mit noch mehr Maschinen, und noch mehr Leuten, zu produzieren. Die Preise steigen immer schneller, überholen die Einkommen. Die Banken wollen dann auch ihren Anteil am Kuchen, und verlangen wieder Zinsen ... und dann kann sich jeder selbst ausmalen, wo es endet. Da wir Deutsche nicht zur Revolution neigen, werden wir diesem Treiben zusehen, bis der „Nullen" auf den Geldscheinen zu viel werden, und spätestens dann braucht es wieder eine Währungsreform."

Jürgen sah jetzt in eine ganze Reihe betroffener Gesichter. Er musste die Stimmung unbedingt entspannen. „Ihr habt gerade live die Entstehung eines dieser reißerischen Geldartikel erlebt, die ihr derzeit zu Dutzenden kaufen könnt. Ausgehend von einer korrekten Basis, *„immer mehr wertloses Geld im Umlauf"*, wird ein *„logisches Gebäude"* aufgebaut, **das aber in seiner verkürzten Darstellung weit übers Ziel hinausschießt.**

Ich bin der festen Überzeugung, dass die Beteiligten lange vorher die Reißleine ziehen und den Euro aufgeben werden. Sie führen eine „geordnete Umrechnung" durch um dann das ganze Spielchen wieder von vorne beginnen, mit dem man viel mehr verdienen kann, als mit einer „Hyper-Inflation" wie 1914 oder 1948. Damals waren jeweils verlorene Weltkriege vorausgegangen, das waren völlig andere Voraussetzungen. Eines aber ist so sicher, wie das Amen in der Kirche: Der Euro wird in seiner jetzigen Form keine zehn Jahre mehr überleben. Wie zu hören war, will Herr Draghi seinen Posten als Präsident der EZB nicht über **2019** hinaus verlängern. Man sagt ihm Ambitionen auf das italienische Staatspräsidentenamt nach. Das wäre eigentlich ein schöner Anlass für seinen Nachfolger, endlich „reinen Tisch" zu machen. Die immer stärker werdenden eurofeindlichen Oppositionsparteien, überall in Europa haben unter Umständen bis dahin auch größeren Einfluss gewonnen und man wird genug Gründe dafür finden, dass es dann an der Zeit ist, diese Totgeburt Euro endlich abzuschaffen." „Aber warum bist du so streng mit dem Euro?" fragte Brigitte. „Weil er das Ergebnis einer politischen Erpressung ist und ihm deshalb schon von Anfang an ein Makel anhaftete," erklärte Jürgen. „Das musst Du uns aber doch etwas näher erklären," forderte Wolfgang. „Erinnert ihr euch noch, wie Kohl und Genscher uns das Projekt „verkauften"? Eine Institution des Friedens und Zusammenhalts der „europäischen Familie". Familienmitglieder, die dieselbe Währung besitzen, werden sich nie mehr bekriegen. Das Gegenteil ist der Fall. Abgesehen vielleicht vom ersten Nachkriegs-Jahrzehnt waren wir Deutschen in Europa noch nie so schlecht angesehen, wie zur Zeit: In Griechenland Hakenkreuze auf Merkel-Bildern, in Italien Hassgesänge auf die Merkel-Diktatur des ewigen Sparens, aus Frankreich die ständige Forderung, Deutschland möge endlich die Schulden Frankreichs und der Südstaaten bezahlen..." „Na, na, das geht jetzt aber ein bisschen zu weit", warf Wolfgang ein. „Ok, ganz so haben sie es nicht wörtlich gesagt, aber es sind ja auch alles geschickte Politiker. Sowohl Präsident Hollande als auch der Italienische Staatschef Renzi werden allerdings nicht müde, auf sofortige Einrichtung der **Bankenunion** (die haben wir heimlich still und leise schon) und in der notwendigen Folge auf die Verwirklichung der angestrebten **Haftungsunion** zu drängen, gegen die sich Schäuble „offiziell" NOCH sträubt. Wenn diese verwirklicht ist, läuft die „Haftungskaskade" des bereits gültigen SAG (Sanierungs- und Abwicklungs-Gesetz) ab, nach dessen Regeln zuerst die Eigentümer einer von Pleite bedrohten Bank haften, danach die Geldgeber und Kontoinhaber und dann das Bankensicherungssystem, dessen Vermögen nahezu zu hundert Prozent aus deutschen Mitteln besteht. Man muss also nur die Banken so lange „retten", bis die deutschen Milliarden endlich zum Zugriff bereitstehen. Weil das aber auch bei weitem nicht reichen wird, wenn allein die italienischen Banken fallen, geschweige denn die französischen, werden zum Schluss eben doch wieder die Staaten haften. Da ist dann Deutschland wiederum mit einem starken Viertel anteilig dabei, mehr als alle anderen. Und jetzt sage ich Euch noch eine kleine „Schweinerei": Da fast alle italienischen Banken derzeit direkt vor dem Kollaps stehen, diese aber auf Druck der eigenen Regierung zum größten Teil durch die Sparbeteiligungen des sogenannten „kleinen Mannes" finanziert sind, fürchtet Renzi, dass er nicht mehr warten kann, bis man die Deutschen endlich im Boot hat. Deshalb will man für die Italiener kurzerhand das seit 1.1.2016 gültige SAG wieder aussetzen. Das gleiche Spielchen, das man mit den ganzen „Sicherheits-Vereinbarungen" bei der Einführung des Euro getrieben hat." Aber das waren „Vertragsbrüche"," warf Marianne ein. „Wo ist die „Erpressung"?"

Nun, dazu müsst Ihr euch noch einmal in die 1990-er Jahre vor und nach dem Mauerfall zurückerinnern: Im alten „Kern-Europa" war Deutschland, der Kriegsverlierer, schon wieder die stärkste Wirtschaftsmacht. Frankreich, La Grande Nation und Siegermacht, Frankreich und dazu auch Italien mussten immer wieder in schöner Regelmäßigkeit, ihre Währungen abwerten, damit sie einigermaßen auf dem Weltmarkt mithalten konnten. Dies führte logischerweise zu Verteuerungen der Importe und insgesamt zu einem ständigen Inflationsdruck. Als dann noch die Mauer fiel, war die einhellige Meinung **aller** europäischen Staaten: *„Jetzt wird Deutschland noch mächtiger und noch stärker."* Vor allem Mrs. Thatcher war überhaupt nicht „amused", sondern strikt gegen ein vereinigtes Deutschland. Doch so kurz vor dem Ziel, mit Michail Gorbatschow an seiner Seite, wollte Kohl nicht mehr zurückstecken. Als ihm die Franzosen und Italiener andeuteten, sie könnten sich ein einiges Deutschland vorstellen, wenn dieses mit den anderen Ländern in einer gemeinsamen Währung verbunden wäre, da wollte Kohl die Chance nicht verpassen, geschichtlich „unsterblich" zu werden. Er ließ sich auf diese politische Erpressung ein. Der Euro war verwirklicht. Die Hauptakteure glaubten tatsächlich, sie hätten jetzt eine Währung, so stark wie die DM." „Ja, das wurde auch bei uns verbreitet, der Euro würde nicht schwächer als die DM." „Es war die Zeit, in der die führenden Häupter Europas alle in Gier erstarrten und vergaßen, nachzudenken.

Erinnert ihr euch, dass ich schon im Jahr 2000 warnte: Wenn (damals) 11 Nationen gleich werden sollen, dann muss Nr. 1 auf das Niveau von Nr. 5 abgeben und Nr. 11 wird auf das Niveau von Nr. 6 angehoben. Das ist Grundschulrechnen der 3. Klasse. Und so kam es auch. Wir gaben unsere halbe Kaufkraft ab, für 1,95583 DM bekamen wir einen einzigen Euro. Eine „kleine Währungsreform", die kaum jemand als solche wahrnahm. Man ärgerte sich eine Zeitlang über den „Teuro", dann hatte man sich daran gewöhnt und ging zur Tagesordnung über.

In den Südländern und Frankreich begannen acht „fette Jahre". Die Griechen zahlten statt ihrer üblichen 15 Prozent Zinsen nur noch die „deutschen" 6 Prozent. Während gleichzeitig die gewohnten Inflationsraten von fast 20 % auf etwa 4 % sanken. War es ein Wunder, dass man dieses Füllhorn bis zum Boden ausschöpfte, die Putzfrauen verbeamtete und die Beamten mit 50 in Rente schickte? Über die näheren Umstände dieses ganzen hirnlosen Desasters könnte man ein zusätzliches Buch schreiben, wenn es nicht schon eine ganze Bibliothek davon gäbe. Deshalb sollten wir an der Stelle abbrechen und uns lieber mit den Chancen befassen, die sich **uns** heute bieten." Jürgen sah in zustimmende Gesichter. Er fuhr fort:

„Was **das Gute daran** ist, Ihr habt noch ausreichend Zeit, die richtigen Schlüsse zu ziehen und euch auf das Kommende vorzubereiten.

Wenn ich immer wieder nach „Rezepten" für die Geldanlage gefragt werde, gibt es eigentlich nur ein einziges absolut Sicheres:

1. <u>Trennt strikt</u> langfristige Anlagen (mehr als 10 Jahre) oder „Reserven" die ihr auf lange Sicht vererben wollt.
2. von den Mittelfristigen (mehr als 5 bis zu 10 Jahren) oder „Notreserven" und geplante Wunschausgaben.
3. Und diese wiederum vom Kurzfristigen. (Bis 5 Jahre) Verbrauch, Hobbys, Leben…

In der Folge gilt dann: Für

1. Kommen absolut nur Sachwerte in Frage! (Dazu später)
2. Kommen, für kühle Rechner, nur Sachwerte in Frage.
3. Führt an der Konten- oder „Tresor-Anlage" kein Weg vorbei.

Leider, leider kann ich heute schon voraussagen:
Viele Menschen werden sich gedanklich nicht von dem „anerzogenen Glauben" an die „Sicherheit der Banken und Sparkassen" trennen können. Tragischerweise werden gerade die, die dort ihre Sicherheit suchen, die größten Verlierer der kommenden Zeit werden. Im Prinzip war das allerdings **schon immer so: Wer Sicherheit über alles stellte, legte meistens drauf.**

Aber ich habe zu diesem Themenkreis noch spezielle Aufsätze und Arbeitsblätter im Koffer, die ich Euch später geben werde. Zuerst wollte ich noch darauf hinweisen, dass durchaus nicht alles **so** schlecht ist, als dass der Informierte nicht auch Vorteile daraus ziehen könnte.

„Im Moment können ja wenigstens die profitieren, die Darlehen einsetzen", warf Marianne ein. „Wann hat es je Immobilien-Finanzierungen mit 1 % Zins auf 10 Jahre festgeschrieben gegeben? So etwas war vor 5 Jahren noch völlig undenkbar." „Tja", seufzte Brigitte, „das wär's gewesen. Wir haben für unsere ersten Praxisdarlehen 12 % bezahlt – und zurzeit sind es immer noch 4,5 Prozent." „Ja, aber die lösen wir jetzt ja ab, wenn wir endgültig übergeben", wollte Wolfgang sie beruhigen, doch Jürgen streute noch mehr Salz in die Wunde: „Du weißt aber schon, dass ein Verkauf kein Grund mehr für vorzeitige Darlehensrückzahlung ist? Wie lange läuft dein „Viereinhalber" noch?" „Den haben wir uns vor 7 Jahren, als damaligen „Traumzins" für zehn Jahre fest gesichert. Das heißt, es bleiben noch 3 Jahre zu zahlen." „Der Bank entgehen also drei Jahre lang 4,5 % sichere Einnahme, wenn Du das Geld vorzeitig zurückgibst. Sie **muss** es neu anlegen oder Strafzinsen an die Bundesbank bezahlen. Bei der Anlage erzielt aber auch sie +/- „0". Demnach entsteht der Bank ein Schaden, den du ausgleichen „darfst". Die zu erwartende Forderung wird auf gesetzlich vorgeschriebene Weise mit zahlreichen komplizierten Berechnungen und Annahmen berechnet und du hast keine Chance zu entkommen, weil die entsprechende Sicherheit, Eure Praxis, jetzt ja wegfällt. Der Schaden wird heute in etwa dem entsprechen, was du in den nächsten 3 Jahren noch an Zins zu zahlen gehabt hättest. Und das Schönste: Du kannst diese Restzahlung nicht einmal mehr steuerlich geltend machen, so wie die Zinsen bisher, weil sie nicht mehr der „Einkünfte-Erzielung" dienen. Hier solltest Du unbedingt deinen Steuerberater an den Rechner bitten und prüfen lassen, ob es nicht günstiger ist, die Praxis noch drei Jahre zu „behalten" und zu verpachten? Ob das so einfach möglich ist, und ob es sich wirklich rentiert, kann ich ohne nähere Informationen natürlich nicht sagen, aber das ist ja auch die Aufgabe eines Steuerberaters."

„Mann, Mann, ist das verrückt. Wie soll das denn weitergehen?" Marianne schaute fragend in die Runde. Jürgen begann: „Kennt Ihr noch das „Gelassenheitsgebet?"

„Lieber Gott, gib mir Gelassenheit, Dinge hinzunehmen,
die ich nicht ändern kann,
Kraft, Dinge zu ändern, die ich ändern kann,
und die Weisheit, zwischen beiden zu unterscheiden."

Wenn es stimmt, dass mit dem Alter die „Gelassenheit" zunimmt, haben wir schon mal einen kleinen „Bonus". Jetzt müssen wir nur noch das politische Umfeld verstehen und darin unseren Platz finden. Diesen Platz richtig einzuschätzen, ist dann die Basis für alle unsere Anlage-Entscheidungen." „Und wo willst Du dieses Verständnis her bekommen, wenn Du kein Wirtschafts-Fachmann bist?" „Aus der Zeitung? Aus dem Fernsehen? Aus dem Radio? Oder noch einmal neu studieren?" „Zeit dafür hätten wir jetzt ja."

„Es bleibt uns keine andere Möglichkeit, als in erster Entscheidung festzulegen, wem wir mehr glauben oder gar vertrauen. Den politiknahen, überregionalen Tageszeitungen, wie FAZ (links-liberal), Süddeutsche (rechtsliberal), Welt (eher konservativ), den Polit-Magazinen mit ihren regelmäßigen Enthüllungsgeschichten (eher links: Der Spiegel, eher rechts: Focus), den sogenannten „Kampfblättern" (taz) oder den Skandal-Blättern im Bildzeitungs-Stil.

Meine Empfehlung: **D e n k t   s e l b s t!** Gerhard kennt auf jeden Fall den Satz, der die Grundlage jeder Pressearbeit beschreibt: *„Bad news are good news"*. (*Schlechte Nachrichten sind gute Nachrichten [für die Presse]*) Skandale, Verschwörungen, Lügen-Enthüllungen, das verkauft sich, damit macht man Profit. Keinen Menschen interessiert, wenn hundert Flugzeuge am Tag in Frankfurt unfallfrei starten und landen. Wenn eine einzige Maschine abstürzt, sind die Zeitungen voll davon." Brigitte seufzte: „Letztlich sind wir doch selbst schuld daran. Alle, die diese Blättchen kaufen." „Also alle Friseure und Zahnärzte. Dort liegen die ja immer rum und wir müssen lesen, was wir nie kaufen würden." „Wir haben die Presse, die wir verdienen."

„Aber über eins muss man sich im Klaren sein", fügte Jürgen hinzu: „Wie sollte die Politik ihre Arbeit und ihre Entscheidungen unter das Volk bringen, gäbe es keine Presse. Was sollten tausende Zeitungen drucken, wenn die Politik sie nicht mit Informationen fütterte? Es ist wie bei den (Möchtegern-) Stars und Starletts jeder Richtung: Sie beklagen sich über Paparazzi und aufdringliche Journalisten und wären gleichzeitig totunglücklich, wenn in den Zeitungen nichts mehr über sie zu lesen wäre. Sie brauchen sich beide gegenseitig. Das sollte man im Hinterkopf haben, wenn man sich mit Veröffentlichungen befasst. Bevor jetzt jemand auf den Gedanken kommt, ich würde in das allgemeine Gejaule um die sogenannte „Lügenpresse" einstimmen, möchte ich daran erinnern, dass dies alles nur so funktioniert, weil Millionen überzeugt sind, dass man zwischen 20.00 und 20.30 Uhr erfährt, „was in der Welt so vor sich geht" und das will man dann in der einschlägigen Journaille so noch einmal nachlesen.

Der Lieblingssatz meiner Mutter, wenn ich um diese Zeit den Fernseher <u>nicht</u> eingeschaltet habe: **„Man muss doch „informiert" sein!"**

Aber auch das Fernsehen ist ein Teil der Presse. **Was** wir am Abend erfahren, ist nicht die „Wirklichkeit" sondern das, *was der Chefredakteur und seine Zuarbeiter für wichtig halten*, und zwar genau so viel, wie sich in eine Viertelstunde Sendezeit packen lässt. Wer „Photoshop" oder ähnliche Bildbearbeitungs-Software kennt, der versteht, warum ich persönlich **keinerlei** Foto- oder Film- „Beweisen" mehr glaube, und warum Aufnahmen der neuerdings so in Mode gekommenen „Dash-Kameras" an den Windschutzscheiben vieler Autos vor Gericht nicht als Beweismittel anerkannt sind...

<u>Damit wir uns wirklich richtig verstehen:</u> Ich möchte nicht in die nachrichtentechnische Steinzeit zurück, wo nur die allerwichtigsten Dinge, mühsam, per Rauchzeichen weitergegeben werden konnten. Ich empfehle nur jedem aufs eindringlichste:

Fragt Euch bei **<u>jeder</u>** (Presse-)**<u>Information</u>**, egal von wem sie auch kommen mag:

„WER sagt WAS, WARUM?"

Brigitte konnte es nicht lassen, ihren Kölner Humor zu versprühen: „Ja, mein Lieber, WER Du bist, das weiß ich, glaube ich, aber WAS erzählst Du uns heute WARUM?"

Die andern lachten und Jürgen fragte schelmisch: „Weißt Du wirklich, wer ich bin?" Marlies warf ein, „Du kennst seine schwarzen Seiten nicht!" „Hei, hei", riefen die andern durcheinander, „schau, schau, jetzt kommt's raus." Jürgen versuchte sich aus dem allgemeinen Flachs herauszuretten, indem er rief: „Das WAS ist, **Euch eine Hilfestellung zu geben, wenn ihr jetzt, als Ruheständler, ein wirtschaftlich völliges Neuland betretet.** Oder ist einer unter Euch, der seither ohne regelmäßige Einnahmen aus seinem Beruf gelebt hätte? Jedem war bisher klar, wenn ich mir mehr leisten will, muss ich noch mehr arbeiten, wenn ich kürzer trete, habe ich weniger zur Verfügung. Das ist jetzt anders. Zumindest bei Euch, setzte er lächelnd hinzu. ICH tu ja noch was für mein Geld. Wenn Ihr meine Bücher kauft und weiterempfehlt, dann kann ich mit dem Erlös weitere Feinsteuerung betreiben." Marlies ergänzte: „So ist es, hört auf ihn!" „Das wäre ja Eulen nach Athen getragen", meinte Gerhard. „Macht sein Hobby zu Geld und will noch, dass wir das finanzieren." „O.k., o.k., es ist angekommen. Ich schenke Euch das Buch sobald es herausgekommen ist – Aber nur eins pro Paar! Und nur, wenn wir jetzt weitermachen können, ohne unqualifizierte Bemerkungen." Jürgen wollte weitermachen, aber so schnell kam er aus der Nummer nicht heraus. „Du hast uns noch das WARUM verschwiegen", beharrte Wolfgang.

„Warum?" „Weil **Ihr** meine Freunde seid einen so verzweifelten Eindruck gemacht habt und ständig fragt, *warum gibt´s keine Zinsen mehr? Was wird aus dem Euro? Fällt Europa auseinander? Wann kommt der große Crash? Wie soll ich..."* Jürgen hatte seine Antworten immer schneller in den Raum gejagt, man unterbrach ihn: „Halt, Stopp, ist ja gut, ist ja gut! Aber wenn ich ehrlich bin, hast Du dazu heute noch keine einzige Antwort geliefert", meinte Marianne trocken. „Wir wissen jetzt, dass wir unbedingt Vorsorge-Vollmachten und Patientenverfügungen brauchen, und dass wir uns für vermögens-gefährdende Lebenssituationen, die jeden von heute auf morgen treffen könnten, mit Versicherungen absichern sollen." „Aber, darüber, ob Europa bestehen bleibt und ob der Euro crasht hast Du noch kein Wort verloren", sprang ihr Gerhard bei. „Das stimmt aber nicht", half Wolfgang jetzt aus, „Grade eben hat er doch erzählt, dass der Euro wahrscheinlich um 2019 herum eine große Wahrscheinlichkeit hat, abgelöst zu werden, und hat meines Erachtens auch sehr nützliche Anleitungen zur „Vorbereitung" gegeben." „Na, ja..", lenkte Gerhard ein. „Ich komme ja nicht zu Wort", stöhnte Jürgen theatralisch, „lasst mich doch, ich will ja. Aber dazu müssen wir „politischen Boden" betreten, und ihr wisst, das hat schon manche Freundschaft beendet. Das muss sorgfältig vorbereitet werden." „Dann fang mal an, wir sind gespannt", bat Wolfgang.

„Also schön. Ich habe Euch zur „Einführung" vier Äußerungen zur bzw. aus der Politik zusammengestellt. Ich bin mal gespannt, welche Euch am besten gefällt:

➢ Die Bevölkerung kann in drei Gruppen aufgeteilt werden: Die paar wenigen, die dafür sorgen, dass etwas geschieht; die vielen, die zuschauen, wie etwas geschieht und die überwältigende Mehrheit derer, die keinerlei Ahnung hat, was überhaupt geschieht!
(Karl Weinhofer, *SPD-Bundespolitiker, geb. 1942.)*

➢ Politiker sagen das, *was* ankommt und nicht *worauf* es ankommt.
(Olaf Henkel, *ehemaliger IBM-Manager, ehemaliger Arbeitgeber-Präsident und politischer Tausendsassa*)

➢ „Wenn es ernst wird, muss man lügen." 1999 beschrieb ER die EU-Politik so: „Wir beschließen etwas, stellen das dann in den Raum und warten einige Zeit ab, was passiert. Wenn es dann kein großes Geschrei gibt und keine Aufstände, weil die meisten gar nicht begreifen, was da beschlossen wurde, dann machen wir weiter – Schritt für Schritt, bis es kein Zurück mehr gibt."
(Jean-Claude Juncker, *ehemaliger Premierminister von Luxemburg (1995 bis 2013), Präsident der europäischen Kommission und als solcher im Moment der mächtigste Politiker Europas.)*

➢ Die deutschen Sparer *müssen* ihr Geld ja nicht aufs Sparbuch legen.

(Mario Draghi, *ehemaliger Spitzenmanager bei Goldmann-Sachs. Danach Chef der italienischen*

Notenbank und seit 2011 Präsident der europäischen Zentralbank. Mittlerweile (selbst ernannter) Herrscher über die gesamte europäische Geldpolitik.)

„Junker und Draghi sind ja schon ganz schön heftig", war man sich im Freundeskreis schnell einig. „Und diese Männer bestimmen derzeit über unser finanzielles Wohl und Weh" nahm Jürgen jetzt den Ball auf. „Wundert es irgendjemand, dass die italienische Notenbank der Hauptprofiteur der derzeitigen „Rettungspolitik" ist? Italienische Staatsanleihen im Wert von **103 Milliarden** (!) Euro lagern derzeit bei der EZB. Wohlgemerkt: **Milliarden**, nicht Millionen! Viele der Akteure in Politik und Bankenwelt, im Volk sowieso, kennen gar nicht so richtig den Unterschied. Sie erinnern mich ein wenig an meine 4-jährigen Enkel, die bis *fünfzehn* zählen können. Danach beginnt *„viele"* und **123** bedeutet *„sehr viele"*.

Es gibt dazu ein wunderschönes Bild, das man jedem Abgeordneten aufs Pult kleben müsste: Stellt Euch einmal vor, der 500-Euro-Schein, der jetzt abgeschafft wird, würde verwendet, um **1 Milliarde Euro** zu transportieren. Man bräuchte einen Kleinlaster, denn diese Fracht wiegt 2,4 Tonnen. **Eine Million** dagegen könnte jedes Kind wegtragen. Sie wiegt ein Tausendstel von 2.400 kg, also gerade mal 2,4 kg. Merkt Ihr was? **Alle Welt spricht von gigantischen Summen ohne wirklich zu erfassen, was dahinter steckt.** Was sind schon ein paar Nullen?" Wolfgang warf ein: „Das kommt darauf an, ob vor oder hinter dem Komma." „Richtig, pflichtete seine Frau bei" , „und in welcher Stadt ihre Schreibtische stehen – arm aber sexy." Dazu sagte Jürgen vorsichtshalber mal nichts. Er griff nach seiner

Mappe und zog wieder einige zusammengeheftete Seiten heraus. Jeder der Zuhörer bekam einen Satz. Überfliegt das einmal. Es ist einer meiner Aufsätze, der sich mit der Problematik befasst. Diese Thematik ist genau das, was die Menschen derzeit umtreibt und unsicher macht. Ich kann die Lage leider nicht ändern, ich kann aber als „Lotse" versuchen, die Zusammenhänge zumindest deutlich zu machen und so die Unsicherheit wenigstens ein bisschen zu mildern, auch wenn ich sie nicht ganz aus den Köpfen bekommen werde. Aber zumindest habe ich versucht, Wege aufzuzeigen, wie man dem Ganzen gegensteuern könnte. Die Freunde begannen interessiert zu lesen:

Kein Zins in Sicht! Wie lange noch?

„Prognosen sind schwierig,
besonders wenn sie die Zukunft betreffen."

1. Prognose:

Die derzeitige Niedrigzinsphase, die in erster Linie der gegenwärtigen „Politik" der Europäischen Zentralbank (EZB) geschuldet ist, wird so lange dauern, bis sich die politischen Eliten in Deutschland und/oder Europa dazu entschließen, das Abenteuer „Euro" aufzugeben.

Es ist kaum von der Hand zu weisen, dass die Wirtschaftskräfte des mehr agrar- und touristik-lastigen europäischen Südens nicht mit denen des industriell orientierten Nordens, der zudem noch über reiche Energievorräte verfügt, mithalten können. Von den verschiedenen Mentalitäten, die sich auf Grund dieser Tatsache in den letzten paar hundert Jahren herausgebildet haben, will ich noch nicht einmal reden. Oder sind Sie der Meinung, dass ein sizilianischer Fischer völlig problemlos eine norwegische Bäuerin heiraten könnte. ICH bin überzeugt, dass in dieser Ehe bald die Fetzen fliegen würden. (Ich weiß: Ausnahmen bestätigen immer alle Regeln (☺) aber wir sprechen nicht von Ausnahmen sondern von nationalen Gesamt-Befindlichkeiten.)

Da wundert es nicht, dass der Italiener Draghi diese Situation zugunsten der Südländer ändern will, mit der Forderung, die reicheren Nordländer sollten sich doch, bitteschön, **„solidarisch"** zeigen. Im Fall Griechenland musste er sehr schnell erkennen, dass **kein** Land im europäischen Verbund sich so „solidarisch" zeigen wollte, dass man den Griechen deren Schulden komplett erlassen hätte und diese einen "Neustart" hätten versuchen können. Vor allem nicht die Staaten des ehemaligen Ostblocks, die von ihrer eigenen jüngeren Geschichte her viel eher Staaten wären, denen man auch helfen müsste. Um das immer schon freie Griechenland aufzupäppeln waren sie nicht in die Eurozone eingetreten. Nicht einmal Portugal, Spanien oder Italien waren zur direkten Hilfe bereit, ganz zu schweigen von Frankreich, das man, nach seiner Wirtschaftskraft, eher den Südländern zurechnen muss.

In der Politik hat man es eben mit **Menschen** zu tun. Wenn man ausschließlich Mathematik und volkswirtschaftliche Vernunft zulassen würde, wäre ein Schuldenschnitt die billigste Variante gewesen, was uns der ehemalige griechische Finanzminister Varoufakis ein paar Monate lang klar zu machen versuchte. Der europäische „**Kopf**" hätte das vielleicht können, aber der „**Bauch**" hat entschieden. *„Jeder muss für seine Schulden gerade stehen, wo kämen wir dahin? Dem einen gegeben, kommen sofort die nächsten und alle Dämme brechen..."*

Da die Griechen aber ihre Milliarden-Schulden selbst beim allerbesten Willen und mit dem Verkauf ihrer schönsten Inseln, niemals werden zurückzahlen können, gibt es keinen anderen Weg, als ihnen zuerst einmal weitere Milliarden zu leihen, die sie stets umgehend an unsere Banken, für Zinsen und Tilgung der bestehenden Darlehen, zurück überweisen. Damit ist das Problem wieder für ein paar Monate vom Tisch, nur, dass die Griechen jetzt **noch mehr Schulden** haben. Damit man nicht alle 4 Wochen solche Transaktionen durchführen müsse, räumte man den Griechen ein, Darlehen, die eigentlich 2016 fällig gewesen wären, erst im Jahr 2046 zurückzuzahlen.

Um es möglichst einfach und verständlich zu sagen: Die Ausgangslage, dass Griechenland **Milliarden**schulden aufgehäuft hat, besteht nach wie vor. **Alle** Gelder, die man jetzt dorthin pumpt, kommen in **keinstem** Fall den Griechen zugute, **sondern** <u>den internationalen Banken, die den Griechen diese Summen in den euphorischen Euro-Startjahren geliehen haben,</u> damit diese sie, in großer Europa-Begeisterung, mit vollen Händen als soziale Wohltaten an ihre Bevölkerung verteilen konnten. Wenn die Darlehen jetzt nicht zurückgezahlt werden, würden **diese Banken** nach und nach, wie Dominosteine, in Konkurs gehen, da alle Banken untereinander ebenfalls in Milliardenhöhe verschuldet sind.

Wie das abläuft?
Bank A leiht sich von Bank B 10 Milliarden. Bank B hat sich die 10 Mrd. bei Bank C geliehen. Bank A verleiht diese 10 Mrd. an den griechischen Staat. Der zahlt nicht zurück. Dann kann Bank A auch nicht seiner Verpflichtung an Bank B nachkommen und diese natürlich auch nicht an Bank C.
Nach dem Gesetz muss jemand, der seine Darlehen nicht zurückzahlen **will** ins Gefängnis, der, der es nicht **kann**, Konkurs anmelden. Die Griechen wollen ja, können aber nicht, weil sie mehr Schulden als Vermögen haben. Also melden sie Konkurs an – dadurch geht Bank A Pleite,

deshalb auch Bank B und danach auch Bank C, denn sie alle haben im Vertrauen darauf, dass ein *Staat* „nicht so schnell" Konkurs anmelden würde, gigantische Summen bewegt, immer mit Staatspapieren als Sicherheit hinterlegt. Welch eine **gier-gesteuerte Dummheit**, denn Staatsbankrotte sind schon seit dem Mittelalter bis in die heutige Zeit gar nicht so selten, dass man bedenkenlos dagegen wetten könnte. Allein Spanien 13 Mal, Frankreich 8 Mal, Österreich und Deutschland je 7 Mal, **Griechenland allerdings „nur 6 Mal"** !!

Unter diesen Voraussetzungen kann man Herrn Draghi verstehen. Bekommen die Griechen nicht ständig neues Geld, dann hat **ganz Europa** in kürzester Zeit die „Chance", wieder komplett bei Null zu beginnen, weil es keine geschäftsfähigen Banken mehr gäbe und weil der Euro noch töter als tot wäre.

Im Moment spielen deshalb alle Akteure auf Zeit. Die Zinsen abschaffen (ist geschehen), die ausgegebenen Darlehen in weite Zukunft strecken (ist geschehen und geschieht noch) und nicht zuletzt unbedingt die Schulden von den privaten Banken auf die staatlichen Banken zu verlagern, wo, bei Uneinbringlichkeit, der Steuerzahler des jeweiligen Landes zur Kasse gebeten würde. (Ist geschehen und geschieht noch.) Die Gläubigerzahl möglichst vervielfachen. (Daran wird unter dem Titel „**europäische Einlagensicherung**" derzeit „hart" gearbeitet.)

Da jederzeit die Gefahr besteht, dass sich auch Italien, Spanien und Portugal auf den griechischen Weg begeben, werden wir **noch auf einige Jahre hinaus mit einem**

schwachen Euro, der keine Zinsen bringt, leben müssen.
Wie viele Jahre kann niemand seriös sagen. Ein Ende ist dann möglich, wenn eine der immer stärker werdenden euroskeptischen Parteien in den genannten Ländern, aber auch in Frankreich, Deutschland, Niederlande und sogar Norwegen, irgendwo einmal an die Macht kommt.

(<u>Einschub des Verfassers</u>: In Kenntnis genau dieser Situation haben sich die Briten zum „Brexit" entschlossen!)

Dann wird die derzeitige „Gemeinschaft" wahrscheinlich sehr (?) schnell auseinanderbrechen. Die einzelnen Nationalstaaten brauchen dann eine neue Währung. Falls es doch möglich sein sollte, die bisherigen Mitglieds-Länder mehr oder weniger zusammen zu halten, wird man trotzdem eine neue Währung einrichten müssen, denn es ist kaum anzunehmen, dass sich in dem vorübergehend entstehenden Tohuwabohu die Verantwortlichen die Chance entgehen lassen, sich vom größten Teil der angehäuften Schulden zu befreien und die Währung(en) neu zu ordnen.

Wie das geht?
Wieder zog Jürgen ein Merkblatt aus seinen
Arbeitsunterlagen hervor:

So wird die Politik demnächst (?) ihre Schulden los:

Es ist so einfach: Spar- und Festgeldkonto sowie Ihr laufendes Girokonto sind nichts weiter als relativ kleine Buchungspositionen in einem insgesamt **großen Buchhaltungsrahmen namens Währungssystem**. Jeder Buchung steht eine **Gegenbuchung** gegenüber. Notenbanken (und nicht nur diese!) können Tausend Milliarden aus dem Nichts schaffen und einfach in den Markt geben. Die Notenbank erledigt dies durch eine Eingabe in den Computer und überweist das Geld elektronisch. Oder eine normale Geschäftsbank bucht einen Kredit in ihre Bücher – schwupp, ist neues Geld entstanden. Anders herum funktioniert das genauso: Wer seine Schulden zurückzahlt, verringert den Geldbestand.

Im Gegensatz zum goldgedeckten System, wo jeder noch so kleine Betrag mit einem entsprechenden Gegenwert **in Gold gedeckt** war und dieses hinterlegt sein musste, ist das nunmehr **nicht** mehr der Fall. Es gibt **keinen Gegenwert** irgendeiner Art. Viele Bürger sind stolz auf ihre Sparguthaben oder Anlagen in Festgeld und wissen gar nicht, dass diesem Betrag keinerlei Gegenwert gegenüber steht. Geldwerte sind im wahrsten Sinne des Wortes „völlig **wert**los" bzw. nur so viel wert wie auf der Banknote steht, solange das von Dritten durch Annahme und Weitergabe akzeptiert wird. Einer Buchung auf Ihrem Konto steht also nichts weiter als eine andere Buchung gegenüber, nämlich ein Schuldnerkonto als Verbindlichkeit bei einer Bank. Anders ausgedrückt: **Ihr Geld, bei der Bank eingezahlt, gehört Ihnen nicht mehr sondern der Bank.** Sie erhalten lediglich das Versprechen der Bank, diese als „Darlehen" verbuchte Einlage wieder an Sie zurückzuzahlen. (Solange die Bank das buchmäßig erledigen kann, wird sie das tun. Wenn sie zu viele ausgereichte Darlehen nicht mehr zurückerhält, wird das mit zu Ihrem Problem: Ihr Geld ist FUTSCH.

Zu den *scheinbaren* Sicherungs-Systemen werde ich später noch ausführlichst Stellung nehmen. (Siehe: *„Das Märchen von der Staatsgarantie"*, S. 143 ff)

Ganz im Gegenteil zu **Geldwerten** haben **Realwerte**, die man erwerben kann, wie z.B. Immobilien, Unternehmensbeteiligungen, Rohstoffe, Edelmetalle etc. einen objektiven **Nutzwert**. Sie überstehen insofern wertmäßig jede Währungsreform oder Kaufkraftveränderung. Sinkt der Geldwert, so drückt sich dies in einem höheren Preis aus. Somit entscheidet jeder Anleger von Anfang an, **welche Art von Anlage** er haben möchte – einen Geld- oder einen Realwert.

Da alle **Geldwerte** nur eine **Buchung** sind, mit einem **Gläubiger** (das sind Sie) auf der einen und einem **Schuldner** (das ist die Bank) auf der anderen Seite, und auch der Staat als Schuldner dabei ist, läuft eine **„Währungsreform"** völlig problemlos folgendermaßen ab: Die **Schulden** werden komplett oder zu einem hohen Prozentsatz **einfach** auf dem Konto des **Schuldners** (angefangen beim Staat) **gestrichen**. Damit muss der **Gläubiger** (also Sie als Kontoinhaber) mit genau dem **gleichen** Prozentsatz als Gegenposition auf seinem Konto verzichten, denn der Schuldner hätte Ihnen das Geld eigentlich zurückzahlen müssen. Aus z.B. **100.000 Euro** Schulden werden dann, beispielsweise, bei einer Umrechnung im Verhältnis **10 : 1** durch die „Währungsreform" ca. **10.000 Euro** Guthaben.

Damit verlieren Sie als Kontoinhaber bei einem Sparkonto, Festgeld- oder laufenden Konto **90%** Ihres Guthabens, es schrumpft auf ca.10.000 Euro. So einfach funktioniert eine Währungsreform: Streichungen auf beiden Seiten der Staatsbilanz können aber nur in **Geldwerten** erfolgen. Bei Sachwerten müssten zuerst die **angemessenen Werte** taxiert werden, dazu würde man Jahrzehnte brauchen. <u>Das hier beschriebene Umrechnungsverhältnis von „10:1" ist selbstverständlich nur ein willkürlich gewähltes Beispiel.</u> Auch jeder andere Quotient wäre möglich, aber warum sollte man, als Politiker, die ganze Aufregung über sich ergehen lassen und mit weniger zufrieden sein? Es geht ja dieses mal um das Löschen der Altschulden, für einen Neuanfang und nicht um einen kleinen „politischen Zwischentrick", wie die Umrechnung von der DM in den Euro. Da wählte man die 2:1-Umrechnung und die allermeisten Bürger haben die „kleine Reform" gar nicht als solche bemerkt. Sie haben sich eine Zeitlang über den „Teuro" beklagt und dann kehrte wieder Ruhe ein.

Was geschieht gleichzeitig mit den **Realwerten**? Diese behalten ihren **Nutzwert**. Unternehmen und auch ihre Aktien werden in der Regel noch nicht einmal durch zusätzliche Steuern belastet, sondern gefördert. Denn nur sie können ja neues **Wachstum** und **Beschäftigung** sichern und damit die **Steuereinahmen für den Staat**. Familien wie z.B. Quandt, Porsche etc. haben genau dies nach dem zweiten Weltkrieg erkannt und preiswert Sachwerte in Form von Unternehmen gekauft. Sie sind damit diejenigen, die am **meisten** profitierten, denn der Staat ist auf das **Funktionieren aller Unternehmen** – egal in welcher Währung – **angewiesen**. Das wird auch in Zukunft so sein.

Fazit: Eine Währungsreform funktioniert ganz einfach, in dem die Buchungssummen in der Bilanz eines Währungssystems in Form von **Forderungen** auf der einen und **Verbindlichkeiten** auf der **anderen Seite** im Extremfall bis auf null an nur einem Wochenende gestrichen werden. Was Freitagnachmittag noch galt, wird kurzfristig geändert. Am darauf folgenden Montag gelten dann neue Regeln. Der Staat existiert am Montag weiter und gibt frisches Geld in einer neuen Währung aus. Der Bürger muss von vorne anfangen. **Staaten gehen niemals auf Dauer in Konkurs** – sie existieren weiter, aber der Bürger geht im wahrsten Sinne des Wortes Pleite, wenn er nicht rücklagenseitig in Realwerten, sondern in Geldwerten investiert war. (Fast ist man versucht zu sagen: *„Wer nicht hören will, muss fühlen."*, wenn diese Informationen tatsächlich jeden erreichen würden. Leider ist dies aber nicht der Fall.)

Und trotzdem! Lassen **Sie** sich nicht ins Bockshorn jagen!

Dieses Szenario braucht Sie nicht zu sehr zu erschrecken. Schließlich kann man danach wieder eine gewisse Zeitlang „vernünftig" wirtschaften. Pressewirksame Wörter wie „Crash" und „Zusammenbruch", „Tod des Euros" oder „Auseinanderfallen Europas" schüren Ängste und überdecken die positiven Folgen. Es wird nirgendwo „krachen" und „zusammenbrechen". Alle Firmen und Infrastrukturen werden bestehen bleiben. Bei Daimler werden nach wie vor Mercedes-Autos hergestellt, Brot wird weiterhin gebacken, die Kinder in den Schulen werden weiter unterrichtet, und die Menschen in Kranken- und Pflegehäusern versorgt. Nur werden Löhne und Gehälter, Renten und Pensionen, Preise und Gebühren nicht mehr in Euro bezahlt sondern wieder in **Mark**? Oder vielleicht in „**Neuro**"? (= Neuer Euro)?

Schmunzeln Sie nicht: In Frankreich hat man von 1960 bis 1963 mit anciens (alte) und nouveau (neue) Franc gelebt, womit Charles de Gaulle die extreme Nachkriegs-Inflation in Frankreich in den Griff bekommen wollte, die durch die gestiegenen Preise „zu viele Nullen" verursacht hatte. Ein „NF" entsprach damals hundert „AF". (Also eine Abwertung von 10:1, eine gerne benutzte Größe, weil sie sich auch leicht rechnen lässt.) Erst ab 1964 wurden Scheine und Münzen wieder im französischen Franc („fF") zusammengeführt.

Man muss in dieser Situation nur beachten, dass man nicht zu viel **Geld** im Beutel, unter der Matratze oder im Tresor hat. Auch das Bankschließfach rettet nichts. Im „*10 : 1-Szenario*", das ich persönlich für das Wahrscheinlichste halte, bekommen wir eben statt 2.000 € nur noch 200 (??) ausgezahlt. Wir bezahlen aber für zehn Brötchen auch nur noch 1 (??). Und auch der neue Porsche wird viel „billiger": Statt 140.000 Euro kostet er nur noch überschaubare 14.000 (??) oder doch noch einen Tick mehr? (☺)

Dafür können sich alle Darlehensnehmer, zusammen mit dem dann amtierenden Finanzminister freuen: Aus einer 100.000 €-Grundschuld verbleiben nur noch 10.000 (??).

Und jetzt kommt der Knaller, für alle, die mehr besitzen oder verdienen, als sie im Moment verbrauchen: Wer jetzt Dinge (=Sachen) besitzt oder erwirbt, „die ein anderer auch braucht oder gerne besitzen möchte", der kann danach von der **freien Preisbildung** profitieren.

Es ist nämlich sehr unwahrscheinlich, dass ein Haus, das vorher 500.000 € gekostet hat, nach der Umrechnung mit 50.000 (??) gehandelt wird. Jedem steht es frei, beispielsweise 100.000 (??) zu verlangen, wenn er jemanden findet, der bereit ist, das zu zahlen. Und wohnen muss man immer! Die Pflegeheime sind heute schon voll belegt. Am Tag nach der Umrechnung sind alle Senioren noch da und erwarten weiterhin Nahrung und Pflege. Weitere Nutznießer sind alle Sachwerte, die *preisbewahrend* sind (Oldtimer ja, neue Autos eher weniger, da auch heute schon gebrauchte Autos deutlich weniger kosten als Neue) und alle, die *nachgefragt* sind. (Teure Damenschuhe, Armbanduhren, Schmuck und vieles andere mehr.) Man darf nicht vergessen: Es ging (hoffentlich) kein Krieg voraus, der die Menschheit auf die Grundbedürfnisse zurück geworfen hätte (wie 1914 und 1948) sondern die Menschen, die heute teure Luxuswaren kaufen, haben auch nach der Umrechnung genügend Mittel, um weiterhin teure Luxusartikel zu kaufen. Und sie werden es tun. Wenn **Sie** solche Artikel besitzen, sind Sie der Gewinner im Gegensatz zu dem, der heute möglichst jeden Cent „flüssig" halten will, um „ja kein Risiko einzugehen" und sein gesamtes Kapital in bar oder auf Bankkonten bunkert. Er wird de facto bis auf zehn Prozent enteignet.

Und wie sieht es mit Aktien aus? Aktien sind rechtlich eine Beteiligung an einer Firma gegen das Versprechen an Gewinnen beteiligt zu werden, wenn welche anfallen und nicht für Investitionen gebraucht werden. Da die Firmen noch bestehen und auch weiter produzieren, sind die Aktien nach der Umrechnung **mindestens** das gleiche wert wie zuvor. Also auch hier können Sie vom „Sachwertschutz" ausgehen.

Fassen wir zusammen: Aus der Antwort auf die in der Überschrift gestellte Frage ergibt sich für alle Babyboomer und die, die jetzt noch mit sparen beginnen, die dringende **Notwendigkeit, Wege zu finden, das Ansparkapital vor einer Entwertung zu sichern.** Dabei können nicht alle sofort Grundstücke, Wohnungen oder Häuser kaufen. Dafür sind die geforderten Eigenleistungen für die meisten zu hoch. Aber für Beträge, schon ab 50 €, bieten sich **Aktienfonds** an. Ein lupenreiner Sachwert, der zudem (aber bitte nur in Notfällen!) **von Tag zu Tag verfügbar** ist. Dieser **Sachwertschutz** im Verbund mit der jederzeitigen Verfügbarkeit kostet Sie allerdings, quasi wie eine „Versicherungsprämie" eine jährliche Gebühr von 1 bis 2 % des jeweiligen Guthabens, je nach Fondsgesellschaft. Sie wissen ja: Nichts auf der Welt ist umsonst. Die Alternative ist, kleinere Beträge über irgendeine Form des Kontensparens zu organisieren. Zinsen erhalten Sie derzeit keine und wenn umgerechnet wird, verlieren Sie einen mehr oder weniger großen Teil Ihres Sparguthabens. Der identische Effekt gilt für das Bargeldhorten zuhause.

„Aber Aktien sind doch unsicher. Da habe ich schon einmal „die Finger hineingebracht"."

Aktien sind nicht unsicherer als andere Sachwerte auch. Sie **schwanken im Preis.** Mal bezahlen die Marktteilnehmer mehr, mal herrschen irgendwelche Ängste und der Preis sinkt. Diese „Ausschläge" nach oben **und** unten können sehr überraschend kommen, so dass man nicht mehr „rechtzeitig" verkaufen kann und im fallenden Markt gefangen ist. Total wertlos wird eine Aktie nur, wenn die Firma, an der man beteiligt ist, völlig Pleite geht. Nur dann wäre das Kapital wirklich weg. – Darum im Moment keine Bankenaktien kaufen! (☺) –

Meine Empfehlung, das Schwankungsrisiko so weit wie möglich einzugrenzen, lautet deshalb, nicht in einzelne Aktien sondern in **Aktien-Fonds** zu investieren. Unter den meist hunderten Papieren, die in einem solchen Fonds enthalten sein können, könnte dann tatsächlich das eine oder andere einmal ganz ausfallen. Es wären aber genügend andere da, die das wieder ausgleichen.
Das ist der Fondsgedanke. Suchen Sie sich für Ihre persönliche Strategie einen vertrauenswürdigen, **unabhängigen** Fachmann. So leid es mir tut, am Bankschalter werden Sie einen solchen wahrscheinlich nur in seltenen Fällen finden, weil ein Bankverkäufer auch seinem Arbeitgeber Loyalität schuldet. (Ausnahmen bestätigen natürlich die Regel.)

Eines muss an dieser Stelle deutlich gesagt werden: Achten Sie bei **allen** Anlage- und Sparformen **niemals** ausschließlich auf die Höhe des zugesagten oder erhofften

Zinses. Es kommt immer in allererster Linie auf den Faktor **Zeit** an. Legen Sie „nicht einfach mal so" „etwas" zurück. Machen Sie sich ausführlich Gedanken.

John D. Rockefeller sagte dazu: *„Lieber eine Stunde über Geld nachdenken, als eine Stunde für Geld zu arbeiten."*

Sodann **setzen Sie sich Anlageziele in bestimmten Zeiträumen.** Wer das tut, kann beispielsweise bedenkenlos 15 Jahre lang „fürs Alter" in Aktienfonds sparen. Ist die gewünschte Anlagedauer allerdings kürzer, weil man sich „in spätestens 5 Jahren" noch einen bestimmten Wunsch erfüllen möchte, dann sollte man diese Anlageform eher meiden. **Mein ausdrücklicher Hinweis**: Sparen Sie nur in Aktienfonds, wenn Sie die **Selbstdisziplin** besitzen, sich **mindestens 10 Jahre lang** NICHT um die Kurskapriolen an den Börsen zu kümmern. Wenn Ihnen das gelingt, wäre jeder Ertrag unter 7 % ein schlechtes Ergebnis und Erträge über 10 % durchaus machbar. Nach Gebühren und Steuern! Wer die kurzfristigen Schwankungen aber nicht aushält, der sollte lieber die Finger von Aktien(fonds) lassen, sonst werden Sie zum Sparer mit „Dauer-BAUCH-Schmerzen".

Wenn wir jetzt den heute siebzigjährigen Rentner nehmen, der eine Rücklage für eine eventuelle Pflege-Bedürftigkeit einrichten will, muss der dann über Achtzig werden, bevor er sein Pflegeheim beziehen kann?

Mit Radio Eriwan wäre jetzt zu antworten: „Im Prinzip ja." Aber was wären die **Alternativen?**

Die Allerbeste: Schließen Sie eine **Pflegezusatz-Versicherung** ab und vergessen Sie das ganze Problem.

Die Zweitbeste: Bankkonto oder Tresor. Das sind beides keine Sachwerte und bis zu 90 % Verlust drohen, wenn sich der Euro verabschiedet. Braucht man Aktienfonds-Kapital vor Ablauf von 10 Jahren, hat man bis zu diesem Zeitpunkt mit der Wahrscheinlichkeit 50:50 entweder mehr oder weniger hohe Kursgewinne oder Kursverluste gehabt. Wie hoch? Niemand weiß es. Da im Pflegefall aber nicht sofort die volle Summe benötigt wird, ist wiederum die Wahrscheinlichkeit, weniger als 90 % Verlust zu machen, extrem hoch.

Das waren **meine** persönlichen Überlegungen, diesen Teil meiner Rücklagen doch in einem „Control-Aktien-fonds" anzulegen, dem man im Bedarfsfall Monat für Monat den gewünschten Betrag entnehmen könnte. Control-Fonds sind **computergesteuerte Trendfolgefonds**, die verkaufen, wenn der Börsentrend abwärts zeigt und wieder neu einsteigen, wenn die Zeichen eher auf steigende Kurse stehen.

„Gewinne lange genug laufen lassen – Verluste weitgehend vermeiden", ist das Motto dieses Fonds-Typs. Sollten **Sie** persönlich die politische Lage völlig anders einschätzen oder einfach nicht mit Schwankungen leben können, bleiben im Moment im Bereich von eins bis fünf Jahren keine anderen Alternativen als Konto oder Tresor.

WER MUSS GANZ BESONDERS AUFPASSEN?

Jeder geschäftsfähige volljährige Erwachsene, der <u>Konten</u>, egal welcher Art, bei einer Bank führt, mit Beträgen, die <u>für längere Zeit als 5 Jahre</u> vorgesehen sind:
Umgehend Sachwertanlagen suchen!

Jeder der auf einem Konto <u>mehr als 100.000 €</u> verwahrt: ***Das Guthaben auf mindestens zwei Banken verteilen, wenn Sachwerte nicht in Frage kommen.***

Das gleiche gilt für alle, die bei **einer** Bank **mehrere Konten** mit **<u>Gesamt-Guthaben</u>** über 100.000 € besitzen.

UND WEM BIETEN SICH BESONDERE CHANCEN?

- Jedem, der eine (weitgehend) entschuldete **Immobilie** besitzt.

- Jedem, der eine **Erbschaft** (in Geld) gemacht hat.

- Jedem, der eine **Kapitalversicherung** ausbezahlt bekommt. (Auch und vor allem, wenn sie ursprünglich zur Schuldentilgung vorgesehen war!)

- Jedem, der eine nennenswerte **Abfindung** bekommen hat.

- Jedem, der seine Praxis oder seinen **Betrieb verkauft** (hat).

Aber, bei aller Freude über höhere Barbeträge, vergesst nie, was ich vorhin schon einmal gesagt habe: Vermengt keine Langfristanlagen mit Mittelfristigen oder gar Kurzzeit-Rücklagen! Dann seid ihr deutlich weniger „Politik-Krisen-anfällig", denn die derzeit Neueste lauert schon in Italien! **Die italienische Bankenkrise.**

Die Rettung italienischer Großbanken wird zum neuen Milliardengrab! Mindestens so teuer wie Griechenland. Die Haltung, der italienischen Regierung, die das ganze selbst verschuldet hat, verlangt durch Herrn Renzi vor allem von Deutschland: **Solidarität, sprich: <u>Geld</u>.**

„Das ist ja schon eine Frechheit, was da vor sich geht", sagte Gerhard. „Nenne es ruhig Erpressung", entgegnete Jürgen, „denn wenn wir nicht mitretten, sind wir wieder einmal die Bösen, und nicht nur die Griechen, auch die Italiener werden Frau Merkel mit Hakenkreuzen bemalen. So viel zum Versprechen, dass Europa und sein Euro den **Frieden stabilisieren.** In Italien brennt die Lunte zu einer noch größeren Gefahr des Euro-Endes. Das erhöht die Wichtigkeit, der in dem Aufsatz ausgesprochenen Empfehlungen. Denkt daran, wenn es so weit ist, passiert es über ein Wochenende. Ohne Vorankündigung."

„Dann haben wir das Problem schneller, aber genauso dringend", fragte Gerhard, „Was sollen wir **jetzt** mit **unseren** Rücklagen machen? Du erwähnst Sachwerte, benennst aber nur Immobilien und Aktienfonds. Immobilien würden mir zwar gefallen, ich sehe dabei aber zwei Hinderungsgründe: Erstens man braucht große Summen, die dann ja „gebunden" (also immobil) werden,

und zweitens sind vermietete Wohnungen auch mit ganz schönen Problemen verbunden. Ich denke nur mal an ständig wechselnde Mieter, die das Objekt verwohnen, die unter Umständen keine Miete zahlen, an Reparaturen und Erneuerungen, die man „gezwungenermaßen" mitmachen muss, wenn man Teil einer Eigentümergemeinschaft ist."
„Ja, und weißt Du, wie lange es dauert, einen Mieter hinauszuklagen, der nicht mehr zahlt?" warf Wolfgang dazwischen. „Da können Monate drüber gehen – ohne Mieteinnahme." „In unserer vermieteten Wohnung, in Reutlingen, ist kurz vor Weihnachten der Heizkessel ausgefallen", meldete sich auch noch Brigitte, „10.000 Euro. Da wurden die Geschenke sehr viel kleiner." „Holla", sagte Marlies, „gibt es bei Euch Weihnachtsgeschenke für 10.000 Euro?" „Quatsch-Liese, (der alte freundschaftliche Spitzname verursachte Heiterkeit.) aber ich möchte Dich mal sehen, falls Du nicht grade die Fünfhunderter bunkerst, was Du machst, wenn von heute auf morgen 10.000 Euro ungeplant abfließen müssen. Verschieben konnte man das ja nicht. Die Mieter sollten an den Feiertagen ja nicht frieren."
Jürgen freute sich, dass in wenigen Minuten so viele der Risiken, der scheinbar so „risikolosen" vermieteten Eigentumswohnung auf den Tisch gekommen waren. Er schaltete sich jetzt ein: „Ihr habt alle vollkommen Recht", sagte er, Die Immobilie ist eine tolle Sache für den Werterhalt, aber leider nicht ganz ohne Risiken, die dann häufig auch noch gerade zur Unzeit auftreten. Kurz vor Festen oder kurz vor dem Urlaub. Und dann **muss** man sich kümmern…

Abgesehen davon, dass es in der heutigen Welt gar nichts mehr gibt, was völlig „ohne Risiko" wäre, gibt es allerdings Immobilienformen, die zumindest die gerade genannten Ärgernisse alle vermeiden. Ihr habt dabei grundbuchlich gesichertes Eigentum, das jederzeit vererbbar oder wieder verkäuflich ist – und zwar dank der hohen Nachfrage in aller Regel auch sehr zügig – und ihr müsst euch weder um die Mietersuche noch um die Reparaturen kümmern. Ihr bekommt Eure Miete, selbst wenn Eure Wohnung leer steht, in gewisser Weise „staatlich garantiert", denn das Sozialamt zahlt die Mieten, für den Fall, dass der Bewohner nicht mehr kann." „Und was sind das für „Wunderwerke?"

Es handelt sich um **Pflege-Appartements** mit staatlichem Versorgungsvertrag." „Und die Kosten?" „Soweit ich den Markt überschaue, je nach Alter, Lage und Ausstattung zwischen 120.000 und 180.000 Euro. Plus Nebenkosten. Dafür bekommt ihr absolut „pflegeleichte" **indexierte** Mieten, zwischen 500 und 700 Euro monatlich. Die Renditen liegen, wiederum je nach Objekt, derzeit zwischen 4 und 6 %. Gegenüber der 10-jährigen Bundesanleihe, die nichts bringt und nach zehn Jahren zu *„wieviel?"* zurückgezahlt wird, schon ein echter Knaller." „Aber wo ist der Haken", blieb Wolfgang berechtigterweise kritisch. „Das klingt zu gut um wahr zu sein." „Der Haken hängt an der Angel", grinste Jürgen, „dieser Markt ist einer der letzte Wachstumsmärkte. Die Leute werden immer älter und somit steigt zwangsweise die Zahl der Pflegebedürftigen. Altenpflege ist mittlerweile ein großes Geschäft, wo sich auch unbedarfte Neulinge tummeln. Deshalb muss man Anlagen wählen, die von einem **starken**

Betreiber bewirtschaftet werden. Örtlich sind das meist projektgebundene GmbHs, wenn diese aber unter dem Patronat (einer selbstschuldnerischen Bürgschaft) eines Millionen-Konzerns angesiedelt sind, kann eigentlich kaum mehr etwas passieren.

Es gibt auch Anbieter am Markt, die halten sogar eine eigene Betreibergesellschaft vor, die von heute auf morgen, sozusagen die „warmen Betten" übernehmen kann, wie die Fachleute das nennen." „Bleiben nur noch die hohen Kaufpreise", resignierte Marianne. „Wir können ja nur das ausgeben, was wir haben." „Danke für diesen Einwurf", sagte Jürgen. „Ich habe in den Tiefen meiner Unterlagen auch zu diesem „Problem" einen kleinen Aufsatz, den ich Euch an der Stelle gerne geben möchte:

Drehen Sie den Spieß um!

Viele Jahre lang haben Sie Ihr Haus finanziert. Lassen Sie sich jetzt Ihren Ruhestand von Ihrem Haus finanzieren!

Es ist das Beste, was Sie aus einer (fast) *schuldenfreien* **Immobilie machen können.**

Und das ist mein voller Ernst! Sie profitieren bei dieser problemlosen Prozedur sogar gleich dreifach!

<u>Der Grund</u>: **Die derzeitige Europa-Politik und die Geldpolitik des Herrn Draghi.**

Wie schon an anderer Stelle beschrieben, verursacht diese Politik die schleichende Enteignung des „kleinen Sparers". Es gibt keine Zinsen mehr auf Guthaben, das wird wohl der Letzte mittlerweile bemerkt haben. **Im Gegenzug dazu kosten aber auch Darlehen fast nichts mehr.** Zumindest die haben das bemerkt, die in letzter Zeit Kreditgeschäfte gemacht haben. Zum ersten Mal in der modernen Finanzgeschichte liegen die Kreditzinsen **unter** der Ertrags-Schwelle von ganz normalen gewerblichen Geschäften. **Das ermöglicht gute Erträge mit geringstmöglichem Risiko.** Eigentlich ist dieses Szenario für die kränkelnde Wirtschaft der südeuropäischen Staaten gedacht, aber wer sollte uns hindern dabei nicht mitzumachen?

Wer heute eine entschuldete Immobilie besitzt, kann auch im „fortgeschritteneren Alter" auch jetzt noch, wo die Banken, nach ihren neuesten Richtlinien gar keine Darlehen mehr vergeben **dürfen,** relativ problemlos Darlehen aufnehmen. Vor allem, wenn entsprechenden Grundschulden bereits auf einer werthaltigen Immobilie eingetragen sind, was fast immer der Fall ist, wenn es sich um die von Ihnen selbstgenutzte Immobilie handelt.

Schauen Sie doch einmal kurz zurück, zu dem Tag, als Ihre letzte Kreditrate abgebucht worden war. War das nicht ein tolles Gefühl? Endlich frei. Keine Zahlungen mehr an die Bank, dieses Geld bleibt ab sofort mehr zum Leben und das Haus gehört uns und nicht mehr der Bank. Endlich lebe ich mietfrei! Ich lebe den Traum ganzer Generationen! ...

Nachdem der erste Überschwang sich abgekühlt hat, müsste man sich aber auch klar machen: **Mietfrei ist wohl doch nicht so ganz korrekt**, denn die Reparaturen, die bei einem 20-bis 30-jährigen (oder noch älteren) Haus immer häufiger anfallen, nehmen sehr schnell die Höhe der Mietkosten an, die der Kollege im Büro bezahlt, der sich um solche Reparaturen nicht kümmern muss. Klar – ich sitze im **eigenen** Haus – dafür sitze ich dort *fest*. Während der Kollege jederzeit relativ leicht seinen Wohnsitz wechseln könnte, geht das bei mir nicht ganz so problemlos, weil (sehr häufig) fast mein gesamtes Geld in diesem Haus steckt. Wenn ich also woanders hin will oder muss, dann muss ich das Haus verkaufen, um an Geld zu kommen. Hoffentlich liegt es dann in der richtigen Lage, ist in der richtigen Ausstattung und in der richtigen Größe, die gerade nachgefragt ist. Es gibt zwar immer mal wieder Zeiten, da kann man jeden Hühnerstall verkaufen, wenn man ihn nur „Sachwert-Immobilie" nennt aber **wann** es zu solchen Zeiten kommt, lässt sich leider nicht vorausberechnen.

Habe ich jetzt gerade gehört, man könnte das Haus doch auch vermieten und mit dieser Miete die eigene „neue" Miete bezahlen? Gratuliere. Mit dieser Idee haben Sie sich noch ein **zusätzliches Problem aufgehalst:**

Das Mieterrisiko!

(Zahlt er die Miete pünktlich? Behandelt er die Immobilie pfleglich? Überzieht er mich mit zusätzlichen Forderungen? Notfalls sogar mit Hilfe von Mieterbund-Anwälten und Gerichten?)

Die Wohn-Immobilie hat also durchaus ihre Tücken. Sie wird zwar Ihre Vermögenswerte durch diese verrückte Zeit der Geldwert-Enteignung retten, schafft und hinterlässt dabei aber eine ganze Reihe anderer Probleme, die man vorab gut prüfen sollte, ob man sich diesen Herausforderungen noch einmal stellen will, wenn man sich eigentlich auf „RUHEstand" freut.

Ganz abgesehen davon: **Alle**, die nicht für ausreichend zusätzliche liquide Anlagen gesorgt haben – z.B. in Form von Aktienfonds – könnten immer wieder mal vor der Frage stehen, wo bekomme ich jetzt Bargeld her, um mir dies oder jenes zu kaufen (könnte man letztendlich auch verzichten) oder um die im Pflegeheim anfallen Kosten zu bezahlen (kann man nicht aufschieben). Spätestens jetzt lernt der Letzte, was ein **„Klumpenrisiko"** ist.

Man besitzt ein schuldenfreies Haus, im Wert von **600.000 Euro und kann über keinen einzigen Euro verfügen**, ohne sich von diesem Haus zu trennen.

Und jetzt kommt der Finanz-Lotse ins Spiel: Sie beleihen Ihr „freies" Eigenheim aufs Neue. Sie bezahlen damit aber nicht Ihren eigenen Heimplatz sondern Sie erwerben eine kleine Wohnung in einem Pflegeheim. Die paar Zinsen, die Ihre Bank jetzt zwar erneut von Ihnen fordert, schmälern nicht Ihren monatlichen Haushalt sondern sie werden von den Erträgen aus dieser Pflegewohnung finanziert und es bleibt sogar noch einiges übrig, mit dem Sie anfallende Reparaturen an Ihrem eigenen Haus mitfinanzieren können.

Heute (2016) mögliche Konditionen: Mietertrag 5 % abzüglich Zinskosten 1,5 % festgeschrieben auf 10 Jahre, ermöglichen auf 10 Jahre hinaus sichere Einkünfte von 3 ½ %, ohne Ihr Haus zu verkaufen. Wenn ein *Baby-Boomer* so eine Gestaltung eingeht und diese restlichen 3 ½ % zur Tilgung einsetzt, dann hat er in 15 Jahren das neue Darlehen schon über die Hälfte getilgt und kann beim Eintritt in den Ruhestand, das Modell noch einmal erweitern. Der heute 65-Jährige bewegt sich, mit 75 bis 80 Jahren, in einer Zeit-Zone, wo er keine „Schulden" hinterlässt, sondern noch mehr Vermögenswerte vererbt.

Gleichzeitig, während man für die Sachwert-Investition „Pflegeheim-Appartement" Zinsen bezahlt, kann man diese, zusammen mit der normalen Abschreibung für Abnutzung (AfA), die Ihnen selbstverständlich anteilig zugewiesen wird, von der Steuer absetzen und damit die jährliche Steuerschuld senken.

Und der dritte Vorteil? Wenn man, was **sehr wahrscheinlich** ist, während dieser Zeit die Umstellung vom Euro auf eine neue, weniger problembelastete Währung miterlebt, dann profitiert man von den Abschlägen auf „Geldwert"-Schulden im gleichen Verhältnis, wie die Konten-Sparer ihre Anlagen schwinden sehen.

Einwurf: Warum sollte man dieses einleuchtende Modell dann nicht nützen, um noch höhere Erträge zu erwirtschaften? Zum Beispiel 10 % im guten Aktienfonds?

Lotse: Weil keine andere bekannte Anlageform weniger Risiken birgt als die Pflege-Immobilie. Sie ist ein Sachwert, der Ihnen persönlich, **grundbuchlich gesichert**, gehört. Kein Dritter kann Pleite machen und Ihre Wohnung wäre weg. Die Einnahmen sind sicher und steigen mit der Inflation. Mit den Schwankungen von Wertpapierfonds kann nicht jeder leben, und womöglich stehen ausgerechnet zu dem Zeitpunkt, wo das Geld gebraucht wird, die Aktien „im Keller".

Da es in diesem Aufsatz nur darum geht, **Möglichkeiten** aufzuzeigen, wie Sie auch in „Null-Zins-Zeiten" genügend Einkommen für Ihr Auskommen erwirtschaften können, sollten Sie bei Interesse einen fachmännischen Berater Ihres Vertrauens aufsuchen.

„Das klingt alles sehr gut, aber doch auch ein wenig „abenteuerlich"", meinte Wolfgang. „Jetzt hast Du grade deine Schulden los, zahlst 300 € weniger im Monat an die Bank, von denen du glaubst, du könntest sie verbrauchen, und jetzt sollst du dir schon wieder neue Schulden aufladen?" „Du", antwortete Jürgen. „Für diesen Einwurf habe ich vollstes Verständnis. **Ich möchte auf gar keinen Fall irgendjemand, der „Probleme mit Schulden" hat, überreden, „gegen seinen Bauch" Schulden zu machen.** Ich will nur denjenigen, die dafür bereit wären, **Chancen aufzeigen**, wie man auf kleinen Umwegen zwar, aber nahezu „wasserdicht abgesichert", **gerade heutzutage** mehr aus dem vorhandenen Vermögen machen kann, als man auf den ersten Blick glaubt. Vor allem, wenn dieses Vermögen zum allergrößten Teil in einer Immobilie „versteinert" ist. Steine, Beton und Ziegel kann man nicht essen. Von Mieterträgen, *die nach Abzug aller Kosten übrig bleiben*, kann man sich sehr wohl Brötchen kaufen.

In die nachdenkliche Stille, die entstanden war, hinein fügte Jürgen hinzu: Gerade der Begriff „Schulden" ist im deutschen Sprachraum nicht so gut angesehen.

Deshalb habe ich auch hierzu ein kurzes Aufsätzchen geschrieben, das ich euch gerne aushändige:

Ein Wort zu „Schulden"

Versuchen Sie ab sofort, dieses Wort in Ihrem Wortschatz zu ersetzen durch den Begriff: „Fremdgeld".

Wenn es jetzt darum ginge, „Big Business" zu betreiben, dann bräuchte man meist nicht lange zu diskutieren. Henry Ford sagte einmal: *„Wirklich reich werden kann man nur mit dem Geld andrer Leute."*

Aber, wir reden hier von Otto Normal-Verbraucher und der schwäbischen Hausfrau Lieschen Müller. Für die sind in den allermeisten Fällen **Schulden = Pfui!** Man hat keine Schulden zu haben. Wenn das Geld fehlt, dann spart man... (Was auch gar nicht falsch sein muss.)

Trotzdem bin ich mir nicht ganz sicher, ob sich jeder meiner Leser immer an diesen Leitsatz gehalten hat. Ich möchte ganz gewiss niemanden zum „Schulden-Machen" auffordern, aber es gibt schon Situationen, da geht es einfach nicht anders: Denken Sie an den Bau/Kauf eines Eigenheims. Die Wenigsten haben so viel Vermögen, dass sie so ein Projekt mal eben „aus der Tasche" bezahlen. Und erstaunlicherweise, die, die es hätten, finanzieren trotzdem und setzen das Kapital an andrer Stelle ein.

Im Normalfall geht man, zu einer Bank oder Sparkasse und besorgt dort das Kapital, das über das vorhandene Eigenkapital hinaus noch fehlt. Dafür überschreibt man alle Rechte seines Eigenheims an das geldgebende Institut, zu dessen Absicherung. Heute, in der Regel, in Form einer

Grundschuld, früher meist als Hypothek. Die **Hypothek** wurde mit jeder Tilgungsrate um diese „kleiner", bis auf „Null", wenn das Fremdgeld zurückgezahlt war.
Die **Grundschuld** bleibt immer gleich hoch im Sicherungswert, egal wieviel getilgt wird. Wenn eine Grundschuld schließlich komplett zurück gezahlt ist, dürfen Sie diese bei einem Notar „löschen" lassen. Man kann sie allerdings auch (jederzeit) relativ problemlos neu beleihen. Mit diesem Vorteil verkaufen Ihnen die Banken ein Vertragswerk, das für die Geld**geber** deutlich werthaltiger ist als sie es zugeben.

Oft über Jahrzehnte sind Sie dann zwar „**Besitzer**" Ihrer Immobilie (also derjenige, der diese in seiner direkten Verfügungsgewalt hat) die Bank aber ist immer, bis zur restlosen Tilgung, der „**Eigentümer**". Ohne sie ist kein Verkauf möglich, im Gegenteil: Sollten Sie Ihren Verpflichtungen nicht nachkommen, hat sie das Recht zu verkaufen – ob der Besitzer das will oder nicht.

Im Moment interessiert uns allerdings mehr der Begriff bzw. das Wort „Schulden". Vielleicht sind die Angelsachsen deshalb die erfolgreicheren Kapitalisten, weil sie das psychologische Problem nicht haben, dem wir Deutschsprachigen ausgesetzt sind:
Schuld ist für uns immer etwas Negatives, wobei die Geldschuld bei weitem nicht das Schlimmste ist. Wenn man an „etwas Schuld ist" kann das bis zum Tod eines Menschen gehen. Man ist unter Umständen an einem Verkehrsunfall schuld; man ist schuld, dass eine Firma in Konkurs geht. Bis 1976 noch war bei einer Ehescheidung meist ein Partner

schuld. Und der Begriff des **Schuldturm**s steckt auch noch immer in den Köpfen, obwohl man dort im Normalfall nur landete, wenn man seine „Schuld" nicht zurückzahlte. Eine Darlehensaufnahme für sich berechtigte meist noch nicht für den Aufenthalt im Schuldturm. Trotzdem spuken im Zusammenhang mit der Schuld auch der gierige Geldeintreiber oder die Bank in den Köpfen, die einfach das Häusle versteigern und die (in Not geratenen?) Besitzer vertreiben.

Doch zurück zu den Angelsachsen. Sie haben unser Problem deshalb nicht, weil ihre **Sprache** das vermeidet! Sie unterscheiden eindeutig zwischen einer Geldschuld und einer moralischen oder juristischen Schuld.

Verurteilte Verbrecher sind **guilty**. Man hat entweder einen **„guilt"** oder in nicht ganz so schweren Fällen, einen **„fault"** (=Fehler) begangen.

Bei einer Geldschuld hat der Amerikaner eine **„dept"** oder eine **„obligation"**.

Machen Sie es also wie die Engländer, trennen Sie sprachlich! Reden Sie von Darlehen, Anleihen, Obligationen oder ganz einfach von Fremdkapital oder Fremdgeld. Vermeiden Sie das „Schu...-Wort".

Wer sich beim Umgang mit Fremdkapital an eine ganz **einfache Grundregel** hält, sollte eigentlich nie Probleme wegen „Schulden" bekommen:

Langfristige Werte (Immobilien u.ä.)
langfristig finanzieren.

Mittelfristige Werte (Autos, Maschinen)
mittelfristig finanzieren. *Nie länger als die mittlere Lebenserwartung des finanzierten Gegenstands.*

Kurzfristige Werte (Reisen, Konsum)
niemals finanzieren! *Die Freud ist kurz, die Reue lang!*

Merke: Nehmen Sie Fremdgelder beruhigt dann auf, wenn mit den Kreditmitteln ein echter Wert geschaffen oder erworben wird, der, zusammen mit dem meist mit eingesetzten Eigenkapital in aller Regel über dem Kreditbetrag liegen sollte. So können Sie dem Gläubiger im Schlimmsten aller Fälle (worst case) diesen Wert abtreten. Denken Sie „bilanztechnisch": Wer ein Haus im Wert einer Million besitzt, das mit 800.000 finanziert ist, der hat keine *„Schulden"*, sondern ein ***Vermögen*** von 200.000.

Nehmen Sie Fremdgelder nur dann auf, wenn Sie die Zahlung von Zins und Tilgung nachhaltig „wasserdicht" gesichert haben. Sollten beim Verlust der Arbeitskraft die Verpflichtungen nicht mehr eingehalten werden können, ist das „finanzielles Harakiri". **Wer nicht die Mittel hat, seine Darlehensverpflichtungen ausreichend abzusichern, der sollte lieber die Finger vom Fremdgeld lassen.** Es macht ihn abhängig und setzt ihn einem Druck aus, der so ein Abenteuer eigentlich nicht rechtfertigt. Rentner, die mit dem erworbenen „Wert" Einnahmen erzielen, die höher sind als die Kosten aus Zins und Tilgung haben es gut. Wenn sie nicht bereits am Wort „Schulden" leiden, können sie beruhigt schlafen.

Und noch ein kurzes Wort zu den, auch unter Rentnern stets beliebter werdenden **„0-Prozent-Einkaufskrediten"**! Wer kennt nicht die Werbung des Elektronikladens, bei dem man „blöd" wäre, nicht dort zu kaufen: Ein neuer Flachbildschirm, 600 €, heute mitnehmen und auf vier Jahre verteilt abbezahlen, ohne zusätzlichen Zins. Die 12,50 € spürt der Durchschnitts-Rentner kaum und kann heute schon „flach" schauen. Das ist im ersten Gedankengang durchaus richtig. Zudem ist es ja eine Maschine, die man notfalls zurückgeben könnte. Wenn man das in ein, zwei Fällen ausnützt, spricht für den älteren Rentner eigentlich nichts dagegen. Wer allerdings (eventuell) vorhat, noch einmal zu bauen oder umfangreicher zu renovieren und dafür die günstigen Bankkredite ausnützen will, der darf sich dann nicht wundern, wenn ihm seine Hausbank diesen Kredit nur zu erhöhten Konditionen oder – noch schlimmer – gar nicht mehr zur Verfügung stellt! Warum? Weil durch den/die aufgenommenen Kredit/e (auch wenn diese gar nichts kosten!) ihr **Schufa-Rating schlechter** wird! Und zwar deutlich, denn hinter dieser Verschlechterung steht der „Bänker-Gedanke": *„Der muss sogar eine Kaffeemaschine auf Pump kaufen, bei dem scheint es mit der Bonität nicht so weit her zu sein."* Diese Einschätzung in Verbindung mit einem Lebensalter über 50 hat schon manchen Kreditwunsch „fürs Häusle" platzen lassen, auch wenn es bei den Kleinkrediten selbst nie ein Problem gegeben hat. **Wer aber nur noch sein Leben genießen will** und keine Kredite mehr braucht, der möge ruhig zuschlagen...

„Na prima, Herr Lotse, gibt es trotzdem noch Sachwert-**Alternativen** außer Pflege-Wohnungen und Aktienfonds? Was hältst Du zum Beispiel von diesen offenen Immobilienfonds, von denen in letzter Zeit so viel die Rede ist?" „Danke, Doc. Ich bin gerne bereit dazu kurz meine Meinung zu sagen, möchte aber daran erinnern, dass dies heute keine Verkaufsveranstaltung ist. Als Lotse kann ich euch Klippen und Untiefen aufzeigen, am Ende muss immer eine persönliche Beratung bei einem ausgewiesenen unabhängigen Fachmann stehen." „Ja schon klar, aber gerade von Gold hört man ja so viel", sagte Wolfgang. „Aha, der Zahnarzt spricht", feixte Gerhard. „Wo bunkerst du denn all das Zahngold, das du so im Laufe eines Jahres erntest?" Wolfgang konterte ganz kühl: „Ja was glaubst Du denn, wo Deine Frau Marianne jedes Jahr eine neue 500-Karat-Goldkette her hat?" Alle lachten. Jürgen wollte die Fragen beantworten:

„Also, hm, **Thema Gold**. Das ist, wie fast kein anderes Anlagethema, extrem mit Emotionen behaftet. Gold ist ein Sachwert, ganz zweifelsfrei. Gold wird immer nachgefragt werden, ganz zweifelsfrei. Gold bringt keine Zinsen ganz zweifelsfrei und wenn man es physisch besitzen will, macht es meist auch noch Kosten. Münzen kosten Mehrwertsteuer, Barren Lagergebühr. In meinen Augen ist Gold in unseren Tagen ein **Spielball der internationalen Spekulation** geworden. Es gehört ja zur Obergruppe der „Rohstoffe", wo man eigentlich denken sollte, die müssten immer, je nach Bedarf, ihren angemessenen Preis bilden. Aber Pustekuchen: Außer für Zahngold und in der Elektronik ist der Bedarf an Gold minimal. Und dafür, und für den traditionellen Hochzeitsschmuck der Inder und Asiaten ist bereits genügend geschürft. Droht aber irgendwo auf der Welt Inflation, dann taucht Gold als „Werte-Versicherung" aus der Versenkung auf.

Ich denke da ganz pragmatisch: Wenn eine Versicherung gegen „ausfallendes Geld" tatsächlich notwendig wird, dann halte ich persönlich Gold für denkbar ungeeignet. Soll ich beim Bäcker ein paar Gramm von meinem „Barren" abkratzen? Informiert euch gerne direkt im Internet über die aktuellen Kurse, unter www.goldpreis-in-gramm.de Heute Mittag (6/2016) wies mir diese Seite einen „Gramm-Preis von 37,87 € aus. In den „kommenden Notzeiten" wird der Bäcker vielleicht 2 € pro Bretzel verlangen. Ich müsste für mein Gramm demnach 19 Bretzeln kaufen. Nach drei Stück bin ich aber schon satt. Dann wären eigentlich 6 € fällig. Ich müsste dem Bäcker demnach 0,15843 Gramm auf den Ladentisch raspeln – und was fängt er damit an? Bezahlt er sein Mehl damit? Ich meine, es sollte klar geworden sein, dass Gold gerade mit der Aufgabe, mit der es beworben wird, total überfordert ist. Mit Münzen ist das nicht anders. In Normalzeiten, im Album. Spiegelglanz! Sieht besser aus, als jede Briefmarke. Aber als Werte-Austauschmittel sind sie noch ungeeigneter, denn wer von einer Münze etwas abschabt hat sie praktisch wertlos gemacht. Also, klapp und klier: Am Hals der Geliebten", dabei grinste er zu Wolfgang hinüber, der ja „öffentlich gestanden" hatte, Gerhards Frau mit „seinem Zahngold" zu schmücken, „ist Gold durchaus wertvoll. Für alle Zocker der Welt auch. Wer eine wertsichere Sachwertanlage sucht, ist mit Gold, nach meiner Meinung auf dem völlig falschen Dampfer, wie ich als Lotse sagen würde. Und mein „bester Kumpel", Warren Buffet, reichster oder zweitreichster Mann der Welt, das wechselt immer wieder mal, hat schon 1998 ein nettes Bonmot formuliert:

„Gold wird aus dem Boden gegraben. Dann schmelzen wir es ein, graben ein anderes Loch, wo wir es wieder beerdigen und bezahlen Leute, die darum herumstehen, um es zu bewachen. Es hat keinerlei Nutzen. Jeder, der vom Mars aus zuschaut, würde sich den Kopf kratzen".

„Und Immobilienfonds?"

„Der Riesen-Run auf **offene** Immobilienfonds, den du vorhin angesprochen hast, Doc, zeugt eigentlich nur davon, wie phantasielos die meisten Berater, und vor allem in den Banken, mit der heutigen Situation umgehen. Und wie wenig Otto Normalverbraucher beim Anlage-Geschäft dazu gelernt hat.

Offene Immobilienfonds waren bis zur letzten sogenannten „Weltwirtschaftskrise" 2009 ein gutes, relativ langweiliges Anlagemedium. Man gab einem Fonds Barmittel an die Hand und dieser kaufte damit ausschließlich Immobilien. Entstanden beim Verkauf einer solchen Immobilie Gewinne, erhöhten sie den Wert des Fonds, so wie ihn Verluste verminderten. Die erzielten Mieteinnahmen wurden nach Abzug von Kosten den Fondsanteilen zugerechnet. So lag der Ertrag in etwa bei 4 bis 6 Prozent, in Zeiten, als dies auch mit Bundespapieren erzielbar war. Diese Fonds wurden meist an **risikoscheue Kleinanleger** verkauft, die damit **wenigstens Anteile** an Immobilien-Sachwert-Vermögen erwerben konnten. Der Vorteil war, jeder dieser Kleinanleger konnte jederzeit zu seiner Bank gehen und dort diese „offenen Immobilienfonds-Anteile" ganz oder teilweise verkaufen. Die Anlage war höchst liquide bis – ja bis 2009. Als im Zug der Weltwirtschaftskrise immer mehr Kleinanleger verängstigt versuchten, ihre Vermögen zu „sichern" begann ein Ansturm zur Rückgabe von Anteilen der offenen Immobilienfonds. Nach kurzer Zeit waren deren Kassen leer und immer mehr und mehr Anleger wollten ihr Geld sehen. In solchen Fällen kann sich ein Immobilienfonds nur Geld verschaffen, indem er eines oder mehrere seiner Objekte verkauft. Und das in einer Zeit, in der mehr Sorge als Kauflust herrschte? Die Fonds machten dramatische Verluste! Von 4 bis 6 % konnte keine Rede mehr sein. Die Sicherheit-suchenden Kleinanleger schnitten sich (meist ohne Kenntnis der tatsächlichen Zusammenhänge ins eigene Fleisch! Da zog ein Fonds nach dem anderen die „Notbremse" und sperrte jegliche Auszahlung. Das war nach den Bedingungen (die niemand je gelesen hatte) auch möglich, „zum Schutz des Gesamtvermögens". Ich erinnere mich noch gut an Menschen, die jahrelang nicht mehr über ihre Notgroschen verfügen konnten. Dabei hatten die noch Glück, wenn ihre Fonds schließlich wieder eröffneten. Es gab auch welche, die blieben geschlossen, haben, ohne Rücksicht auf den Markt, alles verkauft und den jämmerlichen Rest anteilig ausgeschüttet. Es ist – ähnlich wie bei den Versicherungen, ein Paradoxon: Gerade die Sicherheits-Fanatiker zerstörten mit ihrer hysterischen Angst ihre eigenen Vermögen. **Deshalb ist es so wichtig, dass jeder der anlegt, auch versteht, was er tut und was er schließlich besitzt.** Wer verstanden hat, was Aktien sind und wie die Börse funktioniert, der braucht keine Scheu mehr vor Aktien zu haben. Aber jetzt bin ich vom Thema abgekommen", rief Jürgen sich selbst zurück.

„Die offenen Immobilienfonds wurden neu justiert, was bedeutete, sie bekamen einen komplett neuen gesetzlichen Rahmen. Ohne jetzt noch tiefer in die Materie einzudringen und eine Vorlesung darüber zu halten, kann ich euch sagen, es darf **keinen** Fonds mehr geben, der seine Einlagen sofort zurückgibt, wenn der Anleger das wünscht, so wie das früher war. Seit 2013 gilt, dass jede Anlage mindestens 24 Monate fest liegen muss und **dann** erst noch mit einer zusätzlichen Frist von einem Jahr gekündigt werden muss. Einige Fonds zahlen dabei auch noch nur zu einem einzigen ganz bestimmten Termin im Jahr aus. Mit diesen Einschränkungen, meint der Staat, den Fonds genügend zeitlichen Spielraum gegeben zu haben, um eventuelle Verkäufe zu tätigen, ohne dass jeder Käufer gleich weiß, *„die brauchen das Geld, sonst sind sie pleite"*.

Fazit: Offene Immobilienfonds sind keinesfalls mehr hundertprozentig „offen" sondern verlangen eine Mindest-<u>Bindungsfrist von, im schlechtesten Fall, bis zu 4 Jahren,</u> in denen Ihr nicht über Euer Geld verfügen könnt. Das ist deutlich schlechter als jeder Aktienfonds, der täglich verfügbar ist und das auch noch mit *wahrscheinlich* höherer Rendite. Allerdings ist eine solche natürlich *nicht garantiert*. Trotzdem explodieren die Umsätze der offenen

Immobilienfonds in den letzten Monaten so sehr, dass jetzt (06.2016) die deutsche Bank bereits weitere Einzahlungen verweigert. Die Fonds sitzen zurzeit auf mehr als 30 % Liquidität. Das darf laut Gesetz nicht sein. Einerseits werden die Fonds-geeigneten Immobilien immer weniger und immer teurer. Das Geld einfach in der Kasse lassen, dürfen sie aber auch nicht und das Parken auf den sicheren Konten der Bundesbank **kostet viel** Geld, statt Zinsen zu bringen, und senkt somit die Rendite."

Man sah den Freunden an, dass sie mächtig ins Grübeln gekommen waren. Dann fragte Marianne: „Wenn diese „offenen" Fonds nicht geeignet sind, gibt es denn auch „Geschlossene", und, wenn ja, sind die besser?" „In der Tat gibt es „geschlossene (Immobilien-) Fonds", Marianne, aber das sind ausschließlich gewerbliche Beteiligungsformen. Vergleichbar den Schiffsfonds, Containerfonds, Flugzeugfonds und zahllosen weiteren Spielarten. Eine Gruppe Investoren schließt sich zusammen, finanziert, baut und betreibt in der Regel eine ganz bestimmte Immobilie, und du machst mit. Wenn die Initiatoren genug Kapital eingesammelt haben, um das jeweilige Projekt zu verwirklichen, dann „schließen" sie den Fonds und keine weiteren Anleger können mehr mitmachen, aber (!) es kommt auch keiner mehr heraus! Früher wurden diese Fonds vorzugsweise wegen vermeintlicher Steuervorteile, meist als *KG*s oder *GmbH & Co KG*s gehandelt. Heute ist man jedoch so weit, dass man erkannt hat, dass es nicht um Steuer- „Sparen" sondern lediglich um ein Steuer- „Verschieben" geht, und man legt mittlerweile viel mehr Gewicht auf eine nachhaltige Ausschüttung. Bei guten Fonds dieser Gattung könnt ihr 4 bis 5 % Rendite erzielen, aber, wie schon gesagt, ihr bekommt sie in aller Regel nicht mehr los, obwohl solche Anteile theoretisch durchaus handelbar wären. Für die meisten Anleger bedeutet es deshalb „Totalverlust", wenn die Ausschüttung, aus welchem Grund auch immer, nicht mehr kommt. Und das war in der Vergangenheit nicht selten. Da lobe ich mir den grundbuchlich gesicherten Wert einer Pflege-Immobilie, die kann ich jederzeit, und meistens sogar recht schnell, verkaufen. Und ganz zum Schluss, lasst Euch gesagt sein, ist es auch wesentlich angenehmer, die eigene **Versorgung übersichtlich zu gestalten**. Fünf verschiede Anlageformen, mit fünf verschiedenen gesetzlichen Voraussetzungen zu verwalten, wird euch deutlich mehr Zeit und damit Lebensqualität kosten, als **eine Anlageform für das Langfristige, eine für die mittelfristige Reserve** und **eine für den kurzfristigen Verbrauch**. Sollten für den Langfristteil größere Beträge zur Verfügung stehen, kann man durchaus „streuen", indem man sich in verschiedenen Anlagen einkauft. <u>Der Anbieter und der Betreiber müssen eben stimmen."</u>

Brigitte hatte aufgeblickt: „Ja hast du doch einen Vorschlag für den kurzfristigen Verbrauch?" „ Klar", sagte Jürgen: „Solange es den Euro noch gibt – und damit keine Zinsen – der heimische Tresor oder das Girokonto, für Beträge unter 100.000 € pro Bank. Ein Schließfach bei der Bank empfehle ich nicht, da es im Zuge der Ereignisse durchaus auch zu Bankenschließungen kommen könnte (siehe in Zypern und Griechenland, ja sogar in Spanien und Italien) und wenn die Tore verschlossen sind, dann kommt ihr auch nicht mehr an Euer Schließfach. Bodenverschraubte, feuersichere und versteckt eingebaute Tresore sind im Moment die echte Alternative. Und sie kosten viel weniger als man denkt."

„Mein lieber Herr Gesangsverein", stöhnte Gerhard und schaute seine Frau an: „Jetzt verstehe ich meine Schüler." Die andern sahen ihn an. „Nun, du bereitest den Unterricht vor, du hast ein interessantes Thema und sprudelst diese ganzen Informationen auf einmal in die Klasse. Irgendwann schalten die Schüler ab und schlafen weg. Das alles war jetzt hoch interessant, aber ich bin jetzt ganz schön „überflutet", Herr Lotse. Ich brauche eine Pause."

„Das nehme ich Dir auch gar nicht übel, zeigt es doch, dass du aufmerksam dabei warst." antwortete Jürgen. „Wenn man selbst im Thema drin ist, fällt es einem meist nicht so auf, wie eine Neuigkeit die nächste jagt. Deshalb habe ich das bisher Gesagte und die Arbeitsblätter, zusammen, mit dem, was noch dazu gehört um ein selbstbestimmtes Altern zu ermöglichen, in diesem Buch zusammengefasst, damit man es Stück für Stück und Portion für Portion, noch einmal nachlesen kann.

Angesichts der fortgeschrittenen Stunde schlage ich auch vor, dass wir uns an dieser Stelle vertagen und die Grundlagen-Informationen zu Renten- und Versorgungs-Systemen am nächsten Donnerstag nachholen. Und als Zusatz-Knüller werdet Ihr dann auch noch erfahren, wie ihr von den heutigen Politikern an der Nase herumgeführt werdet - damit Ihr den letzten Glauben an das Gute im Politiker auch noch verliert", fügte er grinsend hinzu. „Seid

Ihr damit einverstanden?" „Was heißt denn das schon wieder", wollte Gerhard wissen. Jürgen hob abwehrend die Hände: „Nein! Scherz! Ihr sollt den Glauben an eure Obrigkeit durchaus behalten. Aber, wenn ihr von denen so ver-...popot werdet, wie es derzeit geschieht, dann müsst ihr das erkennen und natürlich auch rechtzeitig richtig reagieren. Und die Aufklärung will ich gerne übernehmen. Seid gespannt." „Esst Ihr gerne asiatisch - Aus dem Wok? Da habe ich ein paar tolle Rezepte", mischte sich jetzt Marlies ins Gespräch. „Alles klar, überredet", kam es von Wolfgang mit einem Blick zu seiner Frau, die zustimmend nickte. „Also dann", rief Marianne, schon auf dem Weg zur Toilette, „nächsten Donnerstag um 19.00 Uhr pm!" Ihr Schnäuzerle konnte nicht anders, als ihr nach zu rufen, „pm" ist schon in 19.00 Uhr enthalten. 7 pm hätte gepasst, mein liebes Bärli. Bärli schloss laut hörbar die Toilettentüre.

Der Abend zog sich auch ohne weitere finanztechnische Lotsen-Hilfen in angenehmer Stimmung noch eine Zeitlang hin. Man kannte sich lange genug, dass die zwischenzeitlichen „Frozzeleien" nicht übel genommen wurden sondern, im Gegenteil, sich häufig zu einem richtigen "Wettbewerb" um die größere Schlagfertigkeit auswuchsen.

Bei der allgemeinen Verabschiedung, zu später Stunde, hatte Gerhard plötzlich noch eine Idee: „Sag mal, Jürgen, wenn Du das nächste Mal die Sozialversicherungssysteme in denen wir leben erklärst, dann sind das doch die gleichen Systeme, mit denen auch unsere Kinder fertig werden müssen." „Falls bis dahin nicht der Weltkommunismus ausgebrochen ist", warf Brigitte ein. „Jetzt bleib doch mal zwei Minuten sachlich", wehrte sich Gerhard, „meine Idee ist ernst gemeint: Diese Informationen sind doch für unsere Kinder eigentlich noch wichtiger als für uns. Die könnten doch jetzt noch rechtzeitig Weichen stellen." Kichernd sagte Brigitte dazu: „Wir haben doch (prust) einen Lotsen. Der arbeitet doch auf dem Wasser (prust) da gibt es keine Weichen." Gerhard wandte sich an Marlies und forderte: „Nächstes Mal bekommt Brigittigitt keinen Alkohol mehr, das beantrage ich hiermit." „ Hei, was meinst du denn dazu?" lachte Brigitte und zog ihren Mann am Ärmel. „Ich halte mich da vollkommen raus, ich habe die Behandlung von Gerhards Weisheitszahn noch nicht abgeschlossen." „Weisheit" (prust) Weisheit bei Gerhard?" „Die steckt komplett in dem Zahn, der jetzt entfernt wird", schaltete sich Marianne ein und alle drei Frauen stimmten ein großes Gelächter an – es war fast wie damals, zu Studentenzeiten…

Jürgen hatte inzwischen Zeit genug, über den Vorschlag seines Freundes nachzudenken. „Die Idee ist ganz hervorragend! Und zwar für Eure Kinder **und** Euch **und** … für meinen Karsten **und** für mich! Eine „win – win – win – win-Idee" sozusagen. „Winni, winni, winni, wanna, wanna, wanna", stimmten die drei fröhlichen Frauen einen uralten Schlager aus den Siebzigern an, „die Trommel ruft zum Tanz…" Da nickten sich die drei Männer kurz zu und stimmten mit ein, allerdings mit dem Text der „Fastnachts-Variante" von Ernst Neger:

"Winni Winni Winni Winni - Wanna Wanna Wanna Wanna...
Mein Doktor sagte streng
Winni Winni Winni Winni - Wanna Wanna Wanna Wanna
Die Hose ist zu eng
Winni Winni Winni Winni - Wanna Wanna Wanna Wanna
Da hilft das Eine nur
Winni Winni Winni Winni - Wanna Wanna Wanna Wanna
Die Hula-Schlankheitskur"

Beim Stichwort „Hose zu eng" verstummten die Frauen. Die Männer „genossen den Text" noch bis „Schlankheitskur", den Rest hatten sie sowieso vergessen.

„Also, jetzt will ich aber doch noch wissen, wieso dein Karsten noch einen besonderen Vorteil bei dem Thema hat." Gerhard versuchte seinen Vorschlag endlich wieder zur Sprache zu bringen. „Ganz einfach", antwortete Jürgen, „der hat gerade seine Ausbildung zum Generationenberater (IHK) abgeschlossen und ist jetzt quasi der „Spezialist der ersten Hand" für diese Themen. Den hole ich einfach dazu und lasse ihn vorstellen, wie er diese Themen an seine Kunden transportiert. Es bestehen ja schon einige Aufsätze dazu, und die könnten dann ja die Grundlage sein.- Und **mein** Vorteil ist", schob Jürgen noch nach, „dass ich nicht so viel selbst reden muss und mehr von dem leckeren Lemberger abbekomme, den ich für diesen Abend stiften werde." „Hoch lebe der Stifter" stimmten alle fröhlich zu. Dann verließen sie doch das Haus, weil inzwischen ihr Taxi angekommen war, mit dem sie nach Hause fahren wollten. Allerdings nicht, ohne die drei zusätzlichen Merkblätter mitzunehmen, auf denen Jürgen noch einmal die allerwichtigsten Grundgedanken des heutigen Abends zusammengefasst hatte:

Wenn das laufende Gehalt wegfällt, muss es durch andere laufende und gesundheitsunabhängige Einnahmen in möglichst *unveränderlichen* **Höhen** ersetzt werden. Eine inflationäre Anpassung wäre, sobald wieder eine offizielle Inflationsrate ausgewiesen wird, wünschenswert.

WER KANN DAS LEISTEN?

SACHWERTE?

- Miet-Objekte? Mietausfallrisiken, Schwankungen möglich.
- **Pflegeheim-Mieten?** **Weitestgehend stabil und indexiert.**
- Aktien-Dividenden? Nie fest garantiert. Schwankungsrisiken.
- Gold? Hat keine Ausschüttung. Muss verkauft werden und ist irgendwann aufgebraucht. Hoffentlich erst nach Ihrem Tod.

GELDWERTE?

Rentenversicherungen?   Kosten und Langlebigkeitsrisiko schmälern den Ertrag.

Zinsen aus Sparplänen?   derzeit gegen „Null" Ertrag. Guthaben verbrauchen sich, ähnlich wie beim Gold.

Kapital-Lebensversicherungen?   Sind als GELDWERT-Anlagen ebenfalls vom Zinsverfall betroffen.

Sachwerte sind IMMER vorzuziehen. Man muss sie lediglich optimieren, nach den eigenen Wünschen zeitlich organisieren und sorgfältig „streuen."

Geldwerte sind sehr viel mehr politischer Willkür ausgesetzt (deshalb würden ja viele Politiker das Bargeld am liebsten ganz abschaffen.) und sind deshalb nur bedingt geeignet. Zum Beispiel, wenn es auf **lebenslange Garantie** ankommt, falls die Lebenserwartung nur noch relativ überschaubar ist und genügend Vertrauen in den Garantiegeber besteht. Oder, wenn zu wenig Kapital vorhanden ist, um Sachwerte zu erwerben.

Jetzt reicht's!

Reicht das Geld oder doch nicht?
Wir reden vom Auskommen ohne festes Einkommen!
Ab 65 bis 67 wird es spätestens Ernst!
Wer nicht vorgesorgt hat, für den ist es jetzt definitiv zu spät!
Ob mit oder ohne Zinsen: Je früher man anfängt, desto niedriger können die „Spar-Portionen" werden.
„Allerletzte Ausfahrt": **Um die 50!** – Wer nicht spätestens jetzt Kassensturz macht, dem ist nicht zu helfen!

Wenn sich das selbstgenutzte Haus als Bumerang erweist!

Wer es versäumt hat, neben der Eigenheim-Finanzierung noch andere Vermögenswerte aufzubauen, der lebt als Rentner(in) zwar „mietfrei", wird aber schnell feststellen, dass ständig neue Reparaturen, die Freude an der eigenen Immobilie stark beeinträchtigen.
Das hätte man zwar vermeiden können, wenn man alle 5 bis 10 Jahre modernisiert hätte. Aber das hätte zusätzliches Geld – und damit Konsumverzicht – bedeutet. Deshalb wurde es in 7 von 10 Fällen unterlassen.

Was soll ich denn noch alles bezahlen? Zinsen, Tilgung und Reparatur-Rücklagen?

Das reicht noch immer nicht! Sowohl das Haus als auch **alle** diejenigen, die es bezahlen, müssen gegen existentielle Risiken abgesichert sein.

HAUS: Brand, Sturmschaden, Hochwasser, Hagel (=Elementarschäden)
EIGENTÜMER: Ausfall der Arbeitskraft **aller** finanziell Beteiligter.

Ohne diese Absicherungen hätte die Not schon jederzeit vorher einziehen können.

<u>Sehen Sie selbst:</u>

Ehepaar: beide 35, 2 Kinder (7 und 5) kaufen/bauen ein kleines Einfamilien-Häuschen.
Kosten in Baden-Württemberg, auf dem Land: etwa: 350.000 €
Eigenkapital: Angespart (und/oder teilweise geschenkt bekommen, geerbt?):   70.000 €

Bankkredit: 280.000 € bei 2 % Zins (2016) und 3 % Tilgung, Kosten: 14.000 €, **mtl. 1.167 €**
Absicherung: Haus und Hausrat: 50 € mtl. **Ehepaar:** 120 € mtl. – zusammen: **mtl. 170 €**
Modernisierungs-Rücklage (alle 5 Jahre 10.000 €) = 2.000 (1/1) oder (:12)   **mtl. 167 €**
Laufende Kosten für das Haus: Grundsteuer, Müll, Energie, Reparaturen ca. **mtl. 100 €**
                                                                         mtl. 1.604 €

<u>Fazit:</u> **Jeder, der sich auf eine Immobilienfinanzierung wie diese einlässt, sollte <u>keinesfalls unter 3.000 € netto</u> verdienen! Also <u>brutto etwa 4.600 €!</u>**

Jetzt wird vielleicht klar, warum kaum noch jemand zusätzlich 200 bis 300 € zusätzlich anspart. Die laufenden Ansprüche sind zu hoch. Oder? ...

Ist „Verbrauch" eine Lösung?

Weit verbreitet, bis in die Medien hinein, ist die Meinung: *„Wenn es keinen Zins mehr gibt, lohnt Sparen nicht mehr. Dann kann ich mein Geld gleich verbrauchen."*

Wer so handelt, hat **vielleicht** im Moment ein paar Jahre „ganz angenehm gelebt", muss aber darauf gefasst sein, beim Eintritt in die „arbeitsfreie Zeit" nur noch auf Sozialhilfe-Niveau leben zu können. Gerade denen, die ihr Spargeld „verlebt" haben, wird das besonders schwer fallen.

Von der gesetzlichen Rente allein kann spätestens ab 2030 niemand mehr ohne Ersparnisse auf heutigem Niveau leben. Die Netto-Einnahmen halbieren sich. Verdienen Sie heute das Doppelte von dem, was Sie verbrauchen?

Wer, selbst ohne Zinsen, „irgendetwas" anspart, wird später auf jeden Fall „irgendetwas" besitzen und das ist IMMER MEHR ALS NICHTS!

Eine große Gefahr, der das menschliche Gehirn ausgeliefert ist:
Es denkt immer von sich aus <u>und</u> immer aus dem gegenwärtigen Moment heraus. (Fast alle Hochrechnungen beruhen auf diesem Un-Sinn.)

<u>Aber die Welt dreht sich weiter und verändert sich mit jedem Tag!</u>
Es wird wieder **Zinsen** geben, nur wann?
Es wird wieder **Inflation** geben, nur wann?
(Spätestens dann, wenn der Euro durch eine neue Währungseinheit ersetzt ist)

Immobilien werden mal im Preis steigen, mal fallen, *aber wann?*

Aktien werden im Preis steigen und fallen *aber wohin und wann?*

Gold wird weiter im Preis steigen und fallen aber wohin und wann?
(Immer und ewig – aber unvorhersehbar.)

<u>Deshalb:</u> Denken Sie eigen-verantwortlich! Der Mensch ist das einzige Wesen der Natur, der das kann. (Können sollte!)

Man kann <u>niemals</u> endgültige Entscheidungen in und für die Zukunft treffen, weil niemand diese Zukunft kennt.

Aber man kann sich auf die Zukunft einstellen, indem man die verschiedenen Möglichkeiten durchspielt.

Krieg – Frieden; Umweltkatastrophen – „normale" Zeiten; Gesundheit – Krankheit; Karriere – Versagen; Wohlstand – Armut; Ehe; Kinder; persönliche Vorstellungen; Vorlieben; alles das und viel mehr kann sich ändern, von Jahr zu Jahr. Denken Sie nur an die Mode(n). Kleider, Kunst und Kultur, alles ändert sich unentwegt. Was war Ihre Lieblingsspeise als Kind – und heute? (☺) Haben Sie geraucht? Getrunken? Wie stehen Sie heute dazu?
....

Der zweite Abend: Senioren und Nachwuchs

Es vergingen dann tatsächlich nicht eine sondern vier Wochen, bis man im Hause Wohlrab wieder zusammentraf. Die Einladungen an die „Kinder", sie waren ja alle zwischen 35 und 45 Jahren alt und hatten ihrerseits bereits zum Teil schulpflichtige Kinder, war sehr gut angekommen. Alle hatten Interesse. Sie kannten sich untereinander schon seit vielen Jahren, waren zum Teil schon zusammen auf Urlaubsreisen gewesen, so dass sich letztlich alle freuten, sich einmal wieder zu sehen. Die sechs Senioren, die in ihrer „40-Stunden-Pause" leichter disponieren konnten, waren aber froh, dass es jetzt doch geklappt hatte. Es waren alle da, außer Sabine Sanddorn, die ihren Nachtdienst in der Zahnklinik nicht verschieben konnte und Kathie Wohlrab, die Tochter von Jürgen und Marlies, deren Ersatz-Babysitter bei der Anfahrt einen Unfall erlitten hatte und der „Haupt-Sitter", Oma Marlies, die heutige Gastgeberin, eben nicht zur Verfügung stand. Aber alle anderen trafen jetzt so nach und nach ein: Stefan und Marlene Fischer, sowie Stefans Schwester Nicole, die mit Tony Gutmann verheiratet war und folglich jetzt, ganz altmodisch, Nicole Gutmann hieß. Dr. Wolfgang Sanddorn, der mit seinen obligatorischen 3 Teerosen erschienen war, brachte seine beiden „restlichen Kinder", Christian (32) und Jörg (29), gleich selbst mit, die als „Noch-Junggesellen" beide als erstes bedauerten, dass Kathie nicht dabei war. „Siehste", wandte sich Jörg an seinen jüngeren Bruder, „das kommt davon, wenn man Kinder hat. Das soziale Leben fällt aus." „Aber dafür brauchst du auch nicht so viele Versicherungen" feixte der zurück, und schon trat

Karsten Wohlrab, der Co-Referent des heutigen Abends und Bruder Kathies, auf ihn zu, boxte ihn freundschaftlich an die Schulter und meinte: „Na, wenn du dich da nur nicht täuschst. Ich hoffe, Ihr beide habt zumindest eine gute Rechtsschutzversicherung?" Verwundert sahen ihn die beiden an. „Warum?" Na wenn ihr ständig in „Parship.de" unterwegs seid, muss es doch demnächst Zoff geben." „Blödmann, bloß weil Du zufällig schneller eine gefunden hast, müssen wir noch lange nicht zu Parship. Gut Ding will eben Weile haben." Die Umstehenden lachten mit und alle begannen, sich einen Sitzplatz zu suchen. Die Möbel waren ein wenig zur Seite gerückt, so dass es fast aussah, wie in einem Seminarraum. Wenn jetzt jeder noch sein „Partygetränk" hat, dann können wir ja den Pflichtteil zügig beginnen, damit der private Teil nicht zu kurz kommt", lud Jürgen zum Sitzen ein. „Dann könnte Kathie vielleicht doch auch noch kommen. Soll sie ihr Kind doch mitbringen", schlugen die beiden Sanddorn-Jünglinge vor. Aber Frau Wohlrab machte wenig Hoffnung: „Der Max muss schlafen, der muss ja morgen früh wieder in die Schule."

„Na denn, herzlichst willkommen, alle miteinander", eröffnete Jürgen den offiziellen Teil des Abends. Er wandte sich zuerst an die jüngeren Gäste: „Ihr habt ja wahrscheinlich mitbekommen, dass wir „Senioren" uns damit beschäftigen, unsere letzten **Tage**…" „Wie bitte", warf Marianne dazwischen, **„Jahre** bitte!" „Nö, wenn schon, dann **Jahrzehnte**", setzte Doc Wolfgang noch einen drauf. „Also gut", nahm Jürgen den Faden wieder auf, „dass wir uns damit beschäftigen, bis ans **Ende unserer Tage,** möglichst selbstbestimmt und unabhängig zu bleiben und euch möglichst wenig zur Last zu fallen." „Ein sehr guter Vorsatz!" bemerkte Jörg dazu. „Deshalb", fuhr Jürgen schmunzelnd fort, „müssen wir unsere Vermögenswerte so einrichten, dass sie möglichst passgenau, mindestens bis zu unserem Ableben halten." „Und unser Erbe?" warf Nicole Gutmann ein. „Gute Frau Gutmann", meinte Gerhard an seine Tochter gewandt, „da gibt es nichts zu erben. Euer Erbe ist eure Ausbildung, alles andere „verprassen" wir", sagte er und grinste zu seiner Frau hinüber. „Genau", pflichteten jetzt auch Wolfgang und Jürgen bei, wobei Karsten ganz locker konterte: „Pech gehabt, ich habe mein Erbe schon." „Na ja", wand sich Jürgen, „das ist eine Ausnahme, weil Du die letzten 10 Jahre schon so gut mitgearbeitet hast. Da hast du dir dein Erbe eigentlich selbst verdient." „Das heißt dann, ich bekomme von Deinen Millionen doch noch was ab?" Es war schon schwierig, diese große Gruppe zu einem ernsthaften Vortrag zu motivieren.

Deshalb ging Jürgen jetzt gar nicht mehr darauf ein und begann: „Wir haben uns beim letzten Mal über die dringende Notwendigkeit, **rechtlicher Sicherheit**, durch Vollmachten und Verfügungen unterhalten. Über die ebenso wichtige **Sicherung der persönlichen Gesundheit**, Pflegevorsorge und Patientenverfügung und über die Sicherheit, die uns einige wenige **Basisversicherungen** geben können, damit wir unser Vermögen nicht zu früh aus der Hand geben müssen, oder auf den „letzten Drücker" doch noch verlieren." Er konnte es nicht lassen, auf künftiges Erbgut hinzuweisen.

Die **Basis** aber, der ganzen Geschichte, sind ja die Renten und Pensionen, bzw. die Kammer-Versorgung bei euch Ärzten. Darüber sollte man unbedingt Bescheid wissen, um zu erkennen, ob diese Grundversorgungen ausreichend sind oder sein werden **und** ob sie das auch bleiben. Und wer könnte das besser erklären, als unser frisch gebackener Herr „Generationenberater (IHK)", mein Sohn Karsten. Karsten, Du hast das Wort."

Bevor der anfangen konnte, klang es sofort durcheinander aus dem „jugendlichen Lager": „Hei, hei,…" „Cool…", „Was ist denn das, ein Generationenberater?" „Und was heißt IHK?" „**I**ch **H**eiße **K**arsten?" „Nein! **I**ntelligenz? **H**ab **K**eine!" „Du vielleicht nicht, mein lieber Christian, aber ich schon, denn IHK heißt selbstverständlich „**I**ntelligenz **H**eißt **K**arsten", und er warf sich grinsend in die Brust. „Gut gekontert", spendete Marlene Fischer Beifall. „Schon recht", bremste Jürgen die Stimmung wieder ein, „aber wenn wir so weitermachen, sitzen wir morgen früh noch hier und unsere asiatischen Spezialitäten können wir dann in der Pfeife rauchen." „Was? Ist auch Gras drin?" „Natürlich. Feinstes Zitronengras." Trotz des Gelächters begann man sich langsam zu konzentrieren. Alle freuten sich ja schon auf Tante Marlies´ legendäre Kochkünste. Aber jetzt warteten sie erst einmal gespannt, was Karsten zu sagen hatte.

Der begann: „Also gut, ich versuche mal, auf für alle verständlichem Niveau zu erklären, was ein „**Generationenberater**" tut. Er soll mit seinen Kenntnissen…" „Welchen?" „… die Lücke zwischen Versicherungs- und

Bankkaufmann, sowie zwischen Anwalt und Steuerberater füllen. Die Zeiten wo jeder Ungelernte über Nacht zum „Versicherungsfuzzy" ernannt werden konnte, und dann seinen Freundeskreis abgraste, sind schon eine ganze Zeitlang vorbei. Versicherungs- und Anlagegeschäft sind dabei, sich gewaltig zu emanzipieren. Die meisten Leute merken immer mehr, dass sie all die Vorschriften, aber auch die Möglichkeiten, die der Finanzmarkt bietet, nicht alleine überblicken können, und dass sie **unabhängige** Hilfestellung brauchen. Seit man auf diesem Weg ist, erkannte man plötzlich auch, dass Geld- und Versicherungsgeschäfte nicht einfach im „luftleeren Raum" hängen dürfen. Sie brauchen die persönliche, rechtliche Grundlage, ohne die letztlich keine Anlage oder Versicherung verkauft werden sollte. Diese Verträge müssen einfach **passen**. Und das sieht jetzt auch die Politik so und hat die Industrie und Handelskammern, die **I-H-K**s ...", er betonte die drei Buchstaben einzeln, und grinste dabei zu Christian hinüber, aber der hörte mittlerweile ganz interessiert zu und wollte gar nicht zurückflachsen. „Ja also, die IHKs haben den Auftrag, einen passenden Ausbildungsgang dafür zur Verfügung zu stellen. Dabei wird man für die umfangreichen juristischen Feinheiten sensibilisiert, die es bei einer werthaltigen Vorsorge- oder Anlageberatung zu beachten gilt. Man bekommt eine Menge spezieller Informationen, für deren Weitergabe allerdings keine Provisions-Berechnungen möglich sind, wie man das im bisherigen Versicherungsgeschäft gewohnt war.

Für den Generationenberater geht es demnach schwerpunktmäßig gar nicht mehr um die Vermittlung von

Verträgen sondern um die Weitergabe von Wissen. **„Know how"**, wie der Lateiner sagt (☺) oder auf Deutsch, für den Jörg: „Gewusst wie". Und dafür werden dann Stunden- oder Pauschal-Honorare fällig, wie wir das ja auch von „Onkel Sanddorn" gewöhnt sind." Als sie noch klein waren, hatten die Kinder der drei Familien die jeweils anderen Erwachsenen „Onkel" und „Tante" genannt, was das Familiäre dieses Freundeskreises betonte, und heute benutzten sie diese Anredeformen immer noch ab und zu um die Verbundenheit zum Ausdruck zu bringen.

„Ein ganz wichtiges Kapitel meiner Tätigkeit ist beispielsweise die Beurteilung, welche Krankenversicherungsform für wen die geeignete ist. Die allermeisten Versicherungsvertreter kümmern sich gar nicht um die Varianten der gesetzlichen Kassen (=GKV) und überlassen die Kunden einfach kommentarlos ihrem Schicksal, die sich aus welchen Gründen auch immer, meistens Trägheit oder falsch verstandene Presseinformationen, ohne weiter darüber nachgedacht zu haben, der GKV angeschlossen haben.

Nach unseren Firmenunterlagen war mein Vater einer der allerersten freien Berater, der auch zu den gesetzlichen Kassen Stellung bezogen hat und solche, sorgfältig ausgewählt, empfahl, ohne damit das große Geld zu verdienen. Aber es ist einfach Tatsache: Wenn man den Unterschied zwischen **„gesetzlich pflichtversichert"** und **„gesetzlich freiwillig versichert"** nicht bis in die Rentenzeit, also die Zeit der nächsten *Generation* (!) weiterdenkt, dann entstehen, vor allem bei Selbständigen, Schäden, die leicht in den fünfstelligen Bereich gehen können. Ich hoffe, ich habe damit deutlich machen können, was ein „Generationenberater" macht und komme damit endlich zu meinem ersten Punkt". Aber noch einmal unterbrach ihn Nicole: „Dann weißt du als Generationenberater sicher auch, ob man neben der Rente noch etwas verdienen darf, wenn es knapp wird?" „Nun, das hat eigentlich nichts mit Generationenberatung zu tun, liebe Nicole, aber ich kann dir trotzdem sagen, dass du ab der Regelaltersgrenze (zur Zeit 67) unbegrenzt dazuverdienen kannst, **wenn** du jemanden findest, der dich in diesem „gesegneten Alter" noch einstellt. Vorher, bei den vorgezogenen Renten, darf man höchstens eine „geringfügige Tätigkeit" eingehen, die derzeit maximal 450 € einbringt." „Tja", seufzte Nicole zu ihrem Mann Tony hinüber, „dann werden wir wohl „Grundsicherung" beantragen müssen". „Die bekommst Du auch nur, wenn Du dem Sozialamt nachweist, dass du deinen Unterhalt nicht aus Beruf und Vermögen bestreiten kannst und – wenn du (derzeit) **weniger als 798 € Rente** bekommst. Da fürchte ich, für die Grundsicherung bist du zu reich." Jetzt teilte Karsten endlich den Kurzaufsatz aus, den er schon längere Zeit in der Hand gehalten hatte: „Aber lasst uns jetzt einfach einmal die wichtigsten Versorgungssysteme kurz beleuchten, damit wir beurteilen können, inwieweit man sich auf diese verlassen kann, oder ob man selbst „etwas dazu tun" muss."

Die verschiedenen Versorgungssysteme

Wer sich im Alter auf Zahlungen Fremder verlassen muss... ist verlassen.

Nicht jeder ist dafür gemacht, sein Leben problemlos auf Sozialhilfestandard herunterzufahren. **Diese** Form der Sicherheit streben die wenigsten an. Und genau das ist die Tragödie: Genau dorthin wird der Weg für alle führen, die es heute nicht schaffen, schon auf dem Weg in den Ruhestand immer wieder ein bisschen **Konsumverzicht** zu leisten, **zugunsten eines gesichert gleichbleibenden Lebensstandards** in der Zeit, wenn der Einsatz der Arbeitskraft nicht mehr möglich oder womöglich gar nicht mehr erwünscht wird.

Staatliche Vorsorge und Umverteilung ist recht und schön. Wenn aber immer weniger Menschen zur Arbeit gehen, weil sie die Altersgrenze erreicht haben, andrerseits viele der Jüngeren durch Roboter von ihren Arbeitsplätzen verdrängt werden, und dann auch noch die „Rentner und Pensionäre 2016" großenteils **18 bis 20 Jahre Rente beziehen** wollen, während ihre „Kollegen" aus dem Jahr **1957**, als die alte Bismarckrente komplett umgebaut worden war und das „Rentner-Schlaraffenland" geboren war, durchschnittlich **kaum 5 bis 10 Jahre diese Rente genießen konnten**, bevor sie sich von der Welt verabschiedeten, dann ist irgendetwas gewaltig aus dem sozialen Ruder gelaufen.

An dieser Stelle kann nicht in wenigen Strichen ein „ideales Rentensystem" entwickelt werden, weil das unter den heutigen Umständen gar nicht mehr möglich ist. Ich will lediglich den Blick dafür schärfen, dass auch dieser Teil unseres Lebens sich Jahr für Jahr verändert.

Leider wird, von Generation zu Generation, immer wieder der gleiche Fehler gemacht: Man schaut als junger Mensch auf Opa und Oma – und denen geht es, im gut situierten Bürgertum *meist* genauso gut wie den Jungen – und das *„ohne Arbeit"!* Schlussfolgerung: *„So schlecht kann die Rente nicht sein."* Ist sie auch nicht! Wenn nur die Politik nicht wäre! Kaum ist mal ein bisschen Geld in der Kasse, findet sich garantiert irgendeine „benachteiligte Gruppe", der der politische Gutmensch noch etwas Gutes tun möchte. Klar kann eine alleinerziehende Mutter, die „nur" halbtags arbeitet, von ihrer gesetzlichen Rente nicht leben. Das liegt aber nicht am Rentensystem sondern an den persönlichen Lebensumständen. Um es deutlich zu sagen: Der aktuelle Plan einer „Mindestrente" (ab 2017) hebelt das bewährte Leistungsprinzip *„Wer viel einzahlt, bekommt viel Rente"* völlig aus und ist einer der dümmsten Schritte in die falsche Richtung. Jegliche Motivation zur Eigenvorsorge wird genommen, was im Prinzip dazu führt, dass die Allgemeinheit für, unter Umständen durchaus „harte" Einzelschicksale, in die Haftung genommen wird. Das mag in einem einzelnen, krassen Härtefall angehen, ist aber unmöglich für alle vom Schicksal Benachteiligten zu schaffen, sonst hätten wir das Paradies auf Erden. Aus dem sind wir aber vor etlichen tausend Jahren bereits vertrieben worden, weil wir zu hohe Forderungen gestellt haben: Wir wollten so klug sein, wie Gott selbst. Und das mit ein bisschen Obst als Einsatz. Wohin es geführt hat, kann jeder im Alten Testament nachlesen.

Unser größtes Dilemma ist, dass **alle** von uns gewählten Politiker einen „ausgeprägten Augendefekt" haben: Kaum sehen sie ein Guthaben in einer Kasse, dann wird reflexartig überlegt, welche Wählerschichten man sich mit diesem Geld gewogen machen könnte.

Es gibt genügend Warner, die mit ausführlichen Berechnungen und Herleitungen aus verschiedensten Statistiken darauf hinweisen, dass *ohne zusätzliche Eigen-Vorsorge(!)* die **Alters-Armut** geradezu zwangsläufig erfolgt, es sei denn, man läuft rechtzeitig unter ein Auto.

Damit lösen sie in einem Volk von „mathematischen Analphabeten" (Prof. Meyerhöfer) bei einem Teil der Bevölkerung Panik aus, bei einem Großteil stoßen sie auf „gefühltes Besserwissen", denn seit 1957 ging es den „normalen" Rentnern nie richtig schlecht. Beim Rest bleibt eine diffuse Angst: Die Berechnungen hat man nicht verstanden, dem „Staat" und seinen Regierenden traut man nicht(s) mehr (zu). Also ist „alles" so unausweichlich schlimm…

Dabei haben ausnahmslos alle nur das kleine Nebensätzchen nicht beachtet: **„Ohne zusätzliche Eigen-Vorsorge".** Denn die gute Nachricht ist: **MIT** zusätzlicher Eigen-Vorsorge ist selbstverständlich, trotz (!) unseren Politikern, eine auskömmliches Einkommen im Alter möglich!

Statt dies laut und deutlich ins Bewusstsein zu rufen, werden Berechnungen produziert, mit Annahmen, die zur Veranschaulichung, als Maßstab gelten sollen, die jedoch so weltfremd sind, dass keine einzige von ihnen in der Praxis tatsächlich auftaucht. Ich spreche hier vom veröffentlichten **"Renten-Niveau".** Dieser Wert ist von Grund auf falsch, weil es den dazu erdachten **"Eckrentner"** (oder "Durchschnittsrentner") in der Praxis so niemals gibt: **Er müsste 45 Jahre lang, immer exakt das Durchschnittsgehalt eines deutschen Arbeitnehmers verdient haben.** Das ist einfach nicht möglich, denn erstens arbeitet heute kaum jemand noch 45 Jahre lang durchgängig am Stück, und wenn: Kein Anfänger der Welt verdient am ersten Tag den gleichen Lohn, wie ein langgedienter Arbeitnehmer beim Eintritt in die Rente. Zudem gibt die vielzitierte Zahl von 43 % im Jahre 2030 die Rentenhöhe nach Abzug der Sozialversicherungsbeiträgen an. Kein Mensch kennt die Höhe dieser Beiträge im Jahr 2030 und genau so wenig Menschen kennen die Steuersätze in diesem Jahr. Denn dieser Abzug lauert auch noch.

Wie gesagt: bürgerfreundlicher wäre es, was Kanzler Schröder und sein "Rentenknappe" Riester tatsächlich einmal versucht haben, den Menschen zu sagen: *"Dank der Tatsache, dass ihr keine Kinder mehr bekommt, müsst Ihr auf jeden Fall selbst zusätzliche Rücklagen bilden. Wo sonst soll es herkommen?"*

Wie sich bestimmt viele Ältere noch gut erinnern, waren Steuerzahlungen durch Rentner früher den meisten Menschen unbekannt. Von der Rente Steuern zahlen? Nie und nimmer! Dieser Eindruck konnte entstehen, weil das Einkommensteuerrecht eine ganze Reihe von Alters- Frei- und Pausch- Beträgen bereithält, mit denen dem Rentner das Auskommen mit seinem Einkommen leichter gemacht werden sollte. **In der Praxis haben tatsächlich nur sehr wenige Rentner Steuern gezahlt.**

<u>Ganz anders seit 2005!</u> Von den o.g. Werten müssen, dank des Alterseinkünftegesetzes von 2004, **ausnahmslos Steuern gezahlt werden.** Die Details zu den Größenordnungen schenke ich mir. Erstens mache ich keine Steuerberatung und zweitens ändern sich die zu zahlenden Abzüge Jahr für Jahr – nur eins ist sicher: Es wird nicht weniger.

Wichtig ist: **Rechnen Sie niemals mit der vollen Rente aus den unterschiedlichsten Internet-Tabellen!** Der heutige und künftige Rentner zahlt für <u>alle</u> Einnahmen Steuer! **Gesetzlich versicherte Rentner sogar zusätzlich noch Kranken- und Pflegeversicherungsbeiträge,** auch für die Einnahmen aus einer betrieblichen Altersversorgung müssen Steuern und Sozial-Beiträge bezahlt werden, was ganz erhebliche Einbußen gegenüber den beim Abschluss angenommenen Werten bedeutet! Heutige Rentner haben sich darüber schon genügend geärgert, **künftige Rentner sollten das beim Kassensturz unbedingt beachten!**

<u>Und noch einmal, weil es so grundlegend wichtig ist:</u>

Wer künftig ausschließlich nur auf die „gesetzliche Rente" angewiesen ist, muss einfach darauf gefasst sein, dass die Kontostände auf seinem (Gehalts)-/**Renten**-Konto <u>erheblich niedriger ausfallen als bisher.</u>

Vor allem **Frauen sollten ernsthaft darüber nachdenken,**

ob sie die „Last" des Kinderkriegens und Hausversorgens ganz alleine tragen wollen. Ständig unter dem Damoklesschwert einer immer möglichen Scheidung.
Was spräche dagegen, einen Teil des (gemeinsamen) Vorsorge-Einkommens für eine eigene unabhängig machende Mütter-Versorgung einzusetzen? Geht man dann auseinander, ist eine wichtige Basis vorhanden. Bleibt man zusammen – umso besser. Dann kommt dieser Teil der Vorsorge wieder allen zugute.
Ist ihnen bisher etwas aufgefallen? Wir sprachen die ganze Zeit nicht vom *„armen Schlucker von heute"* sondern von „seriösen Durchschnittsverdienern".
Wer nicht eigenes Vermögen zusätzlich beisteuern kann oder will, wird er nicht darum herum kommen, die Staatliche „Grund-sicherung" zu beantragen, die ihn dann knapp über das Hartz IV-Niveau hieven wird. Wieviel das ist?

Die aktuellen „Hartz IV – Sätze" im Jahr 2016:

Regelbedarfsstufe	Bedarfsempfänger	Höhe des Regelbedarfs ab 01.01.2016
1	Alleinstehend / Alleinerziehend	404 Euro
2	Paare / Bedarfsgemeinschaften	364 Euro
3	Erwachsene im Haushalt anderer	324 Euro
4	Jugendliche von 14 bis unter 18 Jahren	306 Euro
5	Kinder von sechs bis unter 14 Jahren	270 Euro
6	Kinder von 0 bis 6 Jahre	237 Euro

Meine persönliche Meinung:
In 2040 werden alle deutschen Rentner Eine staatliche Einheits-Rente in einem Kaufkraftniveau von heute ca. 1000 € beziehen. Wer damit klar kommt, darf sich zurücklehnen und braucht im Moment auf nichts zu verzichten...

Wir haben uns bis hierhin mit der „Rente" befasst, die die Mehrheit der deutschen Bürger beziehen wird: **Arbeiter und Angestellte.**

Kollegen, die bei einem „sozial denkenden" Arbeitgeber angestellt sind/waren, bekommen u.U. noch **betriebliche Zusatz-Renten**, die bis zu 30 % „Zubrot" ausmachen können.

Wer schon früh die ersten Sparentscheidungen getroffen hat und 30 Jahre lang monatlich 100 € in eine **Direktversicherung** einbezahlt hat, stockt seine Rente netto nach Steuern (also verfügbares Geld) um ungefähr 120 € auf. Das ist besser als nichts, lässt sich aber optimieren.

Fazit: Auch die „Zusatz-Rente vom Betrieb" sorgt noch nicht für grenzenlosen Wohlstand.

Jetzt zur zweiten großen Gruppe der Ruheständler:
Beamte und öffentlich Bedienstete.
Sie haben **noch** einen erheblichen Versorgungs-Vorsprung. (Die Empfehlung, die meine Schwester von meiner Oma bekam, war über Jahrzehnte hinweg richtig: *„Kind, heirate einen Beamten und Du hast ausgesorgt."* Etwa 70 % seiner letzten Bezüge kann der Beamte heute **noch** erwarten, was nicht unkomfortabel ist. Die **heutige** Generation kann sich noch über auskömmliche *Pensionen* freuen, denn ein Beamter ist kein Rentner, er ist ein **Pensionär.**

Andrerseits hat Prof. Dr. Bernd Raffelhüschen, von der Universität Freiburg, jüngst für den Steuerzahlerbund errechnet, dass Bund und Länder **im Jahr 2050** die gewaltige Summe von **1,36 Billionen** alleine für Pensionen aufbringen **müssten,** unberücksichtigt der Aufwendungen für die sogenannte „Beihilfe", die staatliche Teil-Übernahme der Krankheitskosten der Beamten. Für diejenigen unter Ihnen, die nicht jeden Tag mit solchen Größenordnungen umgehen: Es handelt sich um eine Zahl mit 13 (!) Stellen **VOR** dem Komma: **1.360.000.000.000 oder:** 1 Tausend 360 Milliarden **oder:** 1 Million 360 Tausend Millionen.

Der GESAMT-Haushalt der Bundesrepublik Deutschland beläuft sich 2016 auf insgesamt 317 Milliarden. Das sind 317 tausend Millionen. Das Dreifache davon sollen in 34 Jahren alleine Deutschlands Pensionäre bekommen?

Wer das für realistisch hält, mag glauben, dass die deutschen Beamten in den nächsten Jahren ungeschoren davon kommen, was ihre regelmäßigen Alterseinkünfte angeht. *(Tut mir Leid, Oma, ich persönlich zweifle.)* Professor Raffelhüschen geht davon aus, dass sich die Pensionen den Renten anpassen **müssen**. Also, liebe Beamte, seid wachsam und vorbereitet. Wenn es Euch auf dem Weg dahin bisher noch nicht so stark erwischt hat, seid froh! Trotzdem: Tut was. Übrigens: Falls doch wieder einmal alles anders kommt, es hat sich bis heute noch niemand beklagt, dass er zu viele Ersparnisse hätte.

Jetzt fehlt noch die Gruppe der Selbständigen! Die sollte man ein wenig genauer eingrenzen.

Es gehören die **Freiberufler** dazu, die **Handwerker**, die **gewerblich Selbständigen** und die **Landwirte**.

Die Landwirte sind bereits bei der 1957er-Reform Ihren eigenen Weg gegangen. Sie hatten sich ursprünglich in regionalen Bauernkassen organisiert, welche aber, jetzt, nach abnehmenden Hofzahlen, bundesweit zusammengelegt worden sind. Ohne auf die Einzelheiten eingehen zu wollen, ist das Besondere bei dieser **Sozialversicherung für Landwirtschaft, Forsten und Gartenbau (*SVLFG*)** dass jeder Landwirt einen Einheitsbeitrag einzahlt und dafür einen Einheits-Renten-Anspruch hat, allerdings **erst, wenn er seinen Hof abgegeben hat.** Diese Rente ist so niedrig, dass auch viele Landwirte, wenn sie nicht noch anderweitig arbeiten oder ausreichend Sparrücklagen besitzen, zum Fall für die Sozialhilfe zu werden drohen. Dass sich Landwirte noch als Selbstversorger über Wasser halten können, erscheint mir im Hinblick auf die immer häufigeren modernen „Mono-Agrar-Fabriken" zweifelhaft, ich kann dazu jedoch keine Aussage machen.

Anders ist die Lage bei den **gewerblich Selbständigen.** Zu denen habe ich Jahrzehntelang selbst gehört. Hier stelle ich die kühne These auf, dass derjenige, der die Traute hat, sich selbständig zu machen und dies dann auch bis zum Ruhestands-Alter durchhält, die Cleverness besitzt, in alle Bereiche sinnvoll zu investieren: Zum Ersten in seinen Betrieb, zum Zweiten in seine Persönlichkeit, in Form von ständiger Weiterbildung und zum Dritten in Zukunftsvorsorge. Darunter verstehe ich Rücklagen für künftige betriebliche Investitionen, Versicherungsbeiträge um das Erreichte zu erhalten und nicht zuletzt Rücklagen für den eigenen Ruhestand. Ihm muss man eigentlich nur offen und ungeschminkt die politische Lage beschreiben, die notwendigen Konsequenzen wird er dann schon selbst zu ziehen wissen. Oder?

Für den **selbständigen Handwerker** gilt im Prinzip dasselbe, mit dem Unterschied, dass sich der Staat, wahrscheinlich noch aus alten patriarchalischen Vorstellungen heraus, bemüßigt sieht, den Handwerker mindestens die ersten 18 Jahre lang zu bevormunden und in die sogenannte Handwerkerversorgung zu **zwingen**. Danach besteht seit 2008 das Wahlrecht, sich auf Antrag von diesem Zwang zu befreien und eigenverantwortlich vorzusorgen oder eben unter der staatlichen Obhut zu verbleiben. Was durchaus spezielle Vorteile haben kann. Vor allem, wenn in der Familie gesundheitlich Angeschlagene leben. In den Jahren vor 2008 wurden Handwerker staatlicherseits „in die Freiheit entlassen". Die neue Regelung führt dazu, dass jetzt kein Handwerker mehr "vergisst", sich weiter zu versichern. Andrerseits erhöhen sich die staatlichen Einnahmen deutlich, durch diejenigen, die zu träge sind, sich alleine um Alternativen zu kümmern.

Übrigens befinden sich unter den zahlreichen Ausnahmen zu diesem Recht auch unsere geliebten Glücksbringer, die Schornsteinfeger. Sie **müssen** beim Staat verbleiben. Wahrscheinlich kann letztlich nur der Staat für das Glück aller sorgen.

Und jetzt noch die **Freiberufler!** Eine breit gestreute Gruppe von Selbständigen, die sich von den gewerblichen Selbständigen unter anderem dadurch unterscheiden, dass sie von der Gewerbesteuer „be-**frei**-t" sind. Hier ist sicher nicht der Ort, die Gründe dafür und die ganzen

Unterschiede dieser „Gattung" herauszuarbeiten. Jeder Freiberufler wird selbst wissen, was er kann und darf. Lediglich eine Besonderheit soll genannt werden, weil sie für unser Thema relevant ist: Die Ruhestandsversorgung.

Es gibt unter den Freiberuflern eine ganz Reihe sogenannter **„Kammer-Berufe".** Nur als Beispiele aufgeführt seien: die Ärztekammer, die Architektenkammer, die Anwaltskammer u.v.a.m. Diese privatrechtlichen Kammern sind mit hoheitlichen Rechten ausgestattet und organisieren u.a. das „Zusammenleben" der jeweiligen Kammer-Mitglieder. Sie organisieren ebenfalls eigene Versorgungswerke, die es den Mitgliedern ermöglichen, sich von der gesetzlichen Renten-„Versicherung" befreien zu lassen. Die Leistungen dieser Kammer-Versorgungswerke haben einige deutliche Vorteile gegenüber der normalen Rente. (z.B. keine Wartezeiten!) *So kann man auch beruhigt ein Mitglied eines Kammerberufs heiraten.* (Gell, Oma?) Ganz abgesehen davon, dass diese meist zu den „Besser-Verdienern" (politische Neid-Bezeichnung) gehören. Sie sind in aller Regel auch deshalb gut versorgt, weil die Allermeisten mehr oder weniger zusätzliche private Vermögenswerte aufbauen. (☺).

„Soweit diese kurze Systematik, welche gesetzlich geregelten Altersversorgungs-Systeme bestehen. Im Folgenden geht es um einige Besonderheiten und weit verbreitete Fehl-Einschätzungen", fuhr Karsten fort. „Diese Dinge sind alle sehr theorielastig. Deshalb habe ich auch sie schriftlich ausgeteilt, damit euer „Mit-denk-Vorrat" nicht zu schnell verbraten ist. Ich denke da immer an den Spruch vom Pfarrer: „Du darfst in der Kirche *„über"* alles predigen, nur nicht *„über 10 Minuten"*.

Im Grunde möchte ich Euch nur dafür sensibilisieren, dass ihr nicht jede Meldung ungeprüft hinnehmt, nur weil sie „vom Staat" kommt. Dazu möchte ich festhalten: Es liegt mir fern, Politiker und ihr Tun einfach pauschal zu verunglimpfen. Das wäre zu billig. Aber wenn ihr euch an den Lieblings-Spruch meines Vaters erinnert: „WER sagt WAS, WARUM?", dann wird schnell klar, dass auch Politiker nur Menschen sind und ihre eigenen Ziele verfolgen, die sich, vorsichtig ausgedrückt, nicht immer ausschließlich mit dem Wohl des Volkes decken müssen. Ein durchaus legitimes „Politikerziel" ist, da wird wohl niemand widersprechen wollen, seine **Wiederwahl.** Und die wird nicht dadurch erleichtert, dass man dem Wahlbürger ständig Unangenehmes zumutet. Es gehört zum politischen 1 x 1, alle unangenehmen Fakten, wenn sie schon auf den Tisch müssen, möglichst **positiv** zu benennen.

Ein einziges aber typisches Beispiel soll Euch illustrieren, was damit gemeint ist:

Das „Gesundheits**modernisierungs**gesetz (GMG) von Ulla Schmidt, 2004: Es bewirkte **ausschließlich Verteuerungen für die Versicherten**, wie:

- Zehn Euro Praxisgebühr / Quartal
- Zehn Prozent Zuzahlung bei Arznei- und Hilfsmitteln (mindestens fünf und höchstens zehn Euro)
- Zehn Euro pro Krankenhaustag begrenzt auf 28 Tage
- Nicht verschreibungspflichtige Arzneimittel, Fahrtkosten und Brillen werden komplett vom Patienten getragen
- Streichung von Entbindungs- und Sterbegeld
- Belastungsobergrenze für Zuzahlungen beträgt zwei Prozent (für chronisch Kranke ein Prozent) des jährlichen Bruttoeinkommens

In der Sache teilweise durchaus vernünftige Maßnahmen. aber **jede einzelne sehr kostspielig für die Versicherten.** Trotzdem hörte man nur ganz wenige Klagen, denn das Gesetz war jetzt ja, laut Namen, **„modern"**. Und modern ist positiv besetzt.

Eine weitere „Schwäche" der Parlamentarier ist, dass sie über das gesamte Spektrum der politischen Probleme abstimmen müssen und von den allermeisten Themen eigentlich **null Ahnung** haben. In den **Ausschüssen** wird gearbeitet, in den **Fraktionen** wird diese Arbeit erläutert und im **Plenum** muss man in aller Regel so abstimmen, wie die Fraktion dies festgelegt hat. (Stichwort: „Fraktionszwang"). Jedes Abweichen wird zum kleinen Skandal und man läuft Gefahr, dass man beim nächsten Mal nicht mehr auf die Wahlliste kommt.

So wird eben viel Unverstandenes „nachgeplappert", und das kommt dabei heraus:

Er teilt ein weiteres Arbeitsblatt aus:

Die staatliche Rente ist sicher!
Schließlich hat sie bereits 127 Jahre überlebt!

Deutschlands Sozialpolitiker sind besonders gut darin, geschichtliche Entwicklungen entweder gar nicht zu kennen, nicht verstanden zu haben oder gar bewusst zu verfälschen. Sie verkünden lauthals, sie verwalteten das „beste Rentensystem der Welt". Beweis: Es bestehe schon seit 1889, dem Jahr, als Reichskanzler Bismarck es verkündete.

Otto von Bismarck (1815-1898)

Schon an dieser Stelle verschweigen sie Grundlegendes: Die bismarckschen Sozialversicherungen, zu denen vor allem die gesetzliche Krankenversicherung (1883), die gesetzliche Unfallversicherung (1884), und ab 1889 schließlich die gesetzliche Invaliditäts- und Altersversicherung gehören, waren ursprünglich keine am Menschen orientierten Sozialleistungen sondern Bismarcks Lösung „der sozialen Frage".

Die immer größer werdende soziale Verarmung und die damit verbundene Radikalisierung der Arbeiter in den Städten musste gestoppt werden und Bismarck überzeugte König Wilhelm schließlich, *„dass wir dazu keine Sozis brauchen"*.

Alfred Krupp 1812–1887

Das eigentlich Neue an dieser Einrichtung war, dass Arbeitgeber **und** Arbeitnehmer die Beiträge je zur Hälfte aufbrachten (im Durchschnitt jeder etwa <u>2 %</u> des Lohnes!) **und** dass der Staat zu jeder ausgezahlten Rente **50 Mark** beisteuerte. **Neu war auch** die Gründung der Versicherungsanstalten, die, unabhängig vom Staat und paritätisch besetzt, (50 % Arbeitgeber, 50 % Arbeitnehmer) das ganze selbständig organisierten.

Dabei hat Bismarck die wesentlichsten Teile „seiner" Reformen, der Einfachheit halber, ganz einfach von der **betrieblichen Alters-Versorgung der Krupp-Werke** abgekupfert. Darüber hinaus wurde die Systematik dieser Einrichtung aber mit aller notwendigen **„politischen Raffinesse"** ausgeweitet: Die neue Altersrente gab es erst <u>ab dem **70. Lebensjahr!**</u>

Die <u>durchschnittliche Lebenserwartung</u> lag aber (schon vor den Weltkriegen!) <u>bei 45 Jahren!</u>

Heute tobt das (Presse?-)Volk, das durchschnittlich eine Lebenserwartung von etwa 80 Jahren genießt, wenn die Rente erst mit 67 kommt und nicht schon mit 65. Für die Arbeiter damals bedeutete das im Klartext: die allermeisten der scheinbar Begünstigten erlebten das Rentenalter gar nicht. Und wenn doch, dann waren die Renten so gering, dass davon allein (wie heute wieder?) kein Mensch leben konnte. Wer beispielsweise im Jahr zwischen 550 und 850 Mark verdiente, bekam nach mindestens 30 Arbeitsjahren 162 Mark im Jahr. (Noch einmal zum gedanklich Nach-Vollziehen: Wer von 15 bis 45 (also sein „ganzes Leben", arbeitete bekam ... **gar nichts**. Er hätte ja **bis 70 arbeiten** müssen, um dann etwa **20 %** **seines letzten Gehalts** zu beziehen. Bismarck selbst wird der Satz zugeschrieben: *„Diese Rente ist ein Taschengeld für die böse Schwiegermutter, dass sie den alten Zausel nicht einfach vor die Tür setzt."*

Die Nazis lösten **1934** die Selbstverwaltung der Sozialversicherungen auf und benutzen das Vermögen um Kriegsgerät herzustellen. Erst **1949**, vier Jahre nach dem 2. Weltkrieg wurde die „alte Rente" wieder neu eingerichtet.

Aber dann kam **1957**. Der erste deutsche Bundeskanzler Konrad Adenauer gewann seine „Rentenschlacht" gegen die Industrie-Lobby und damit die Wahlen im Herbst 1957 mit absoluter Mehrheit.

Jetzt erst, 1957 wurde die heute bekannte gesetzliche Rentenversicherung (GRV) geboren.

Mit Bismarcks „Taschengeldrente" hatte sie nur noch den Namen und die Selbstverwaltung gemein. **Zum ersten Mal in der Geschichte** sollte die „Rente" nicht mehr als Zuschuss zum Unterhalt, sondern als **Lohnersatz** gelten. Die Menschen sollten 60 % ihrer letzten aktuellen Bruttobezüge bekommen, so dass sie weiter <u>selbständig davon leben</u> könnten. Des Weiteren wurde beschlossen, dass diese

Zahlungen gemäß dem Ansteigen der Bruttolöhne dynamisiert würden. Mit dem Rentenreformgesetz 1992 wurde der Bezug auf **Netto**löhne umgestellt, was eine der ersten größeren Kürzungen der Ansprüche bedeutete, die aber von der Mehrheit des Volkes gar nicht verstanden wurde. Weitere sollten folgen. Und von da an ging´s stetig bergab... Eine Renten - „Reform" jagte die nächste. Und warum? Weil wir nicht mehr die Kinderzahlen aus der Bismarckzeit hatten (Im Mittel 5 Kinder gegen heute 1,4), und weil die stürmischen Nachkriegs-Aufbaujahre zu Ende waren. Es gab immer wieder Phasen größerer Arbeitslosigkeit, die Löcher in die Rentenbeitragskasse rissen. Würden nicht jährlich Millionen aus den Steuerkassen beigesteuert, wäre das System schon längst zusammengebrochen.

Das zentrale „Ober-Übel" ist allerdings unsere verflixte Langlebigkeit! Wer 1957 mit 65 in den Ruhestand ging, konnte seine Rente im Durchschnitt noch etwa 10 Jahre genießen. Der heute 65-Jährige will mindestens noch weitere 18 Jahre kassieren, Frauen sogar 20 Jahre!

Dabei arbeiten wir immer weniger! Keine 45 Jahre mehr im Schnitt sondern nur noch 37.

Und diejenigen, die das finanzieren sollen, werden immer weniger:

1957 haben 5 Arbeitende einen Rentner 10 Jahre lang durchgefüttert.
2016 müssen 1 ½ Arbeitende das gleiche 20 Jahre lang tun.

Die 5 konnten dann noch <u>35 Jahre lang für sich</u> und ihre Familien arbeiten, die 1 ½ von heute haben nur noch <u>17 Jahre für sich</u>. **Das ist sozialer Sprengstoff.**

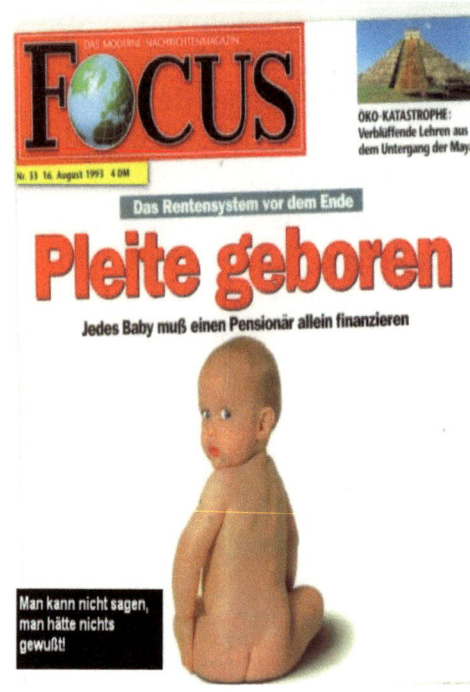

Wenn man bedenkt, dass diese Entwicklung schon <u>seit weit mehr als einem Vierteljahrhundert</u> bekannt ist, verwundert es nur noch, in welcher Trägheit die Bevölkerung mit sich umspringen lässt.

Jeder Einzelne mag sich seine eigene Meinung bilden, wie lange das noch gut gehen kann, ohne noch mehr Einschnitte und Kürzungen. Ich persönlich erwarte als Endstufe die Einheits-BasisRente, für alle gleich. Das passt zur heutigen Denke. **(Im EU-Staat Niederlande ist das längst verwirklicht.)**

Konsequenz: Der Einzelne muss wieder für sich selbst vorsorgen, was ich sogar begrüßen würde, wenn man ihm reinen Wein einschenkte. Dann wüsste das Volk, woran es ist und müsste nicht auf Versprechungen hoffen, die letztlich dann doch niemand erfüllt.

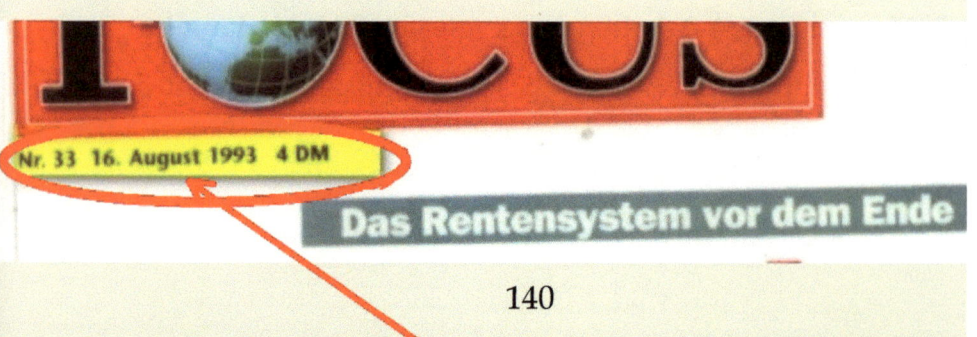

„Die Kleene hat aber süße blaue Augen, erinnert ein wenig an Kathie", meldete sich Christian mal wieder zu Wort. „Das Erscheinungsjahr liegt ja eher in der Nähe deines Geburtstags", konterte Karsten und Jörg stichelte seinen Bruder noch ein bisschen mehr: „Soo süß warst Du nicht einmal als Baby."

Doch Karsten hatte schon seine nächsten Arbeitsblätter in der Hand: „Wenn wir vorher von den Problemen der Abgeordneten gesprochen haben, so kommen wir jetzt zu den Taten derer, die wirklich in der Verantwortung ganz oben stehen. Die scheuen nicht einmal mehr davor zurück, das Volk schlankweg zu **belügen**, wenn es den eigenen Plänen und Vorhaben dient. Hier nur ein Beispiel, das niemand zu **glauben** braucht, weil jeder einzelne es mit eigenen Augen **schwarz auf weiß nachprüfen** kann:

Das Märchen von der Staatsgarantie

Landauf, landab legen Menschen Geld für Erträge weit unter der Inflationsrate an. Nur weil ihnen erzählt wird, „der Staat hafte" für diese Einlagen bei deutschen Banken mit bis zu 100.000 € und mit bis zu 20.000 € für Wertpapiergeschäfte.

Diese Aussage ist – so oft sie auch von Presse, Funk und Fernsehen oder auch am Bankschalter wiederholt wird, schlicht und ergreifend FALSCH!

Lesen und überprüfen Sie einfach selbst, mit eigenen Augen. Dank Internet stehen uns ja nahezu alle Quellen direkt offen.

Geben Sie ein: www.gesetze-im-internet.de/EAEG und schon können Sie sich persönlich überzeugen. Obwohl viele Menschen mit mir der Meinung sind, dass wir gegenwärtig in einer „Mediokratie" leben, **noch** gelten bei juristischen Entscheidungen in diesem unserem Lande die einschlägigen **Gesetze**. Egal was die Presse oder verschiedene Interessengruppen daraus machen!

Wir geben Ihnen im Folgenden einige kleine „Lese-Unterstützungen", da das Gesetzes-Deutsch sich nicht jedem sofort erschließt. (Sonst bräuchte man ja keine Rechtsanwälte mehr ☺.) *__Alle kursiven Hervorhebungen und Anmerkungen stammen von uns__*, damit sich das Ganze einem Nichtfachmann besser erschließt. Und auf geht´s!

Das **Einlagensicherungs- und Anlegerentschädigungsgesetz (EAEG)** wartet:

§ 1 (5) Ein Entschädigungsfall im Sinne dieses Gesetzes tritt ein, wenn die Bundesanstalt für Finanzdienstleistungsaufsicht (Bundesanstalt) feststellt, dass ein Institut (<u>Anmerkung</u>: laienhaft ausgedrückt: eine *Bank*.) aus Gründen, die mit seiner Finanzlage unmittelbar zusammenhängen, nicht in der Lage ist, Einlagen zurückzuzahlen oder Verbindlichkeiten aus Wertpapiergeschäften zu erfüllen *und keine Aussicht auf eine spätere Rückzahlung oder Erfüllung besteht.* (<u>Anmerkung</u>: Es kann also durchaus eine Zeitlang dauern, bis Ihre Ansprüche endgültig festgestellt sind.)

...

§ 3 (1) Der Gläubiger eines Instituts hat im Entschädigungsfall *gegen die Entschädigungs-Einrichtung, der das Institut zugeordnet ist,* (<u>Anmerkung</u>: <u>Keinesfalls</u> gegen den „Staat" mit seinen unerschöpflichen Steuermitteln!) einen Anspruch auf Entschädigung nach Maßgabe des § 4.

§ 4 (1) Der Entschädigungsanspruch des Gläubigers des Instituts richtet sich nach Höhe und Umfang der Einlagen des Gläubigers oder der ihm gegenüber bestehenden Verbindlichkeiten aus Wertpapiergeschäften unter Berücksichtigung etwaiger Aufrechnungs- und Zurückbehaltungsrechte des Instituts. Ein Entschädigungsanspruch besteht nicht, soweit Einlagen oder Gelder nicht auf die Währung eines EU-Mitgliedstaates oder auf Euro lauten.

(2) Der Entschädigungsanspruch ist der Höhe nach begrenzt auf

1. den *Gegenwert von 100 000 Euro der Einlagen sowie*
2. *90 vom Hundert der Verbindlichkeiten aus Wertpapiergeschäften und den Gegenwert von 20.000 Euro (...)*

...

§ 6 (1) Bei der Kreditanstalt für Wiederaufbau (<u>Anmerkung:</u> „KfW") werden *Entschädigungseinrichtungen* als nicht rechtsfähige Sondervermögen des Bundes errichtet, denen jeweils eine der in Satz 2 genannten Institutsgruppen zugeordnet wird.

Institutsgruppen sind:

privatrechtliche Institute im Sinne des § 1 Abs. 1 Nr. 1, (<u>Anmerkung</u>: **Geschäftsbanken**) und

öffentlich-rechtliche Institute im Sinne des § 1 Abs. 1 Nr. 1 (<u>Anmerkung</u>: **Kreissparkassen**) und

andere Institute.
(<u>Anmerkung</u>: **Volksbanken**)

Die Entschädigungseinrichtungen (<u>Anmerkung</u>: **Wieder <u>nicht der Staat!</u>**) *können* im Rechtsverkehr handeln, klagen oder *verklagt werden.*

...

§ 8 (1) *Die Mittel für die Durchführung der Entschädigung werden durch Beiträge der Institute erbracht.*
  (<u>Anmerkung</u>: **Also <u>nicht vom Staat</u>**, der sich so in der Öffentlichkeit mit „fremden Federn" schmückt) Die Institute sind verpflichtet, Beiträge an die Entschädigungseinrich-

tung zu leisten, der sie zugeordnet sind. Die Beiträge der Institute müssen die Ansprüche gegen die Entschädigungseinrichtung, die entstehenden Verwaltungskosten und sonstige Kosten, die durch die Tätigkeit der Entschädigungseinrichtung entstehen, decken. Die für die Entschädigung angesammelten Mittel sind nach dem Gesichtspunkt der Risikomischung so anzulegen, dass eine möglichst große Sicherheit und ausreichende Liquidität der Anlagen bei angemessener Rentabilität gewährleistet sind.

...

§ 8 (10) *Für die Erfüllung der Verpflichtungen nach § 3 Abs.1* **haftet die Entschädigungseinrichtung** (gedankliche Ergänzung: *und zwar...*) *nur mit dem auf Grund der Beitragsleistungen nach Abzug der Kosten nach Absatz 1 Satz 3 zur Verfügung stehenden Vermögen.* Eine beliehene Entschädigungseinrichtung hat dieses Vermögen getrennt von ihrem übrigen Vermögen zu halten und zu verwalten.

...

§ 12 (1) Institute im Sinne des § 1 Abs. 1 Nr. 1, die den Sicherungseinrichtungen der regionalen Sparkassen- und Giroverbände oder der Sicherungseinrichtung des Bundesverbandes der Deutschen Volksbanken und Raiffeisenbanken angeschlossen sind, *sind keiner Entschädigungseinrichtung zugeordnet, solange diese Sicherungseinrichtungen auf Grund ihrer Satzungen die angeschlossenen Institute selbst schützen*, insbesondere deren Liquidität und Solvenz gewährleisten, und über die dazu erforderlichen Mittel verfügen (institutssichernde Einrichtungen).

...

<u>Demnach bleibt ganz nüchtern fest zu halten:</u>
Entgegen weitverbreiteter Ansicht sind Sie auch bei Kreissparkassen und Volksbanken, <u>rein rechtlich</u>, **kaum** besser dran als bei Geschäftsbanken.

Trotzdem: Wir sehen unsere Aufgabe in der Aufklärung, nicht in der Panikmache! Es sollte lediglich daran erinnert werden, dass es im Bereich der Cash- und Sparbuch-Finanzen, entgegen dem tiefverwurzelten Volksglauben an die Sicherheit von Kreissparkassen und Volksbanken, auch dort ebensowenig die totale Rundum-Sicherheit gibt, wie bei anderen Banken oder wie im täglichen Leben überhaupt..

Ein **„wunderschönes Bild"** zur gegenwärtigen Lage der deutschen Sicherungseinrichtungen wollte ich Ihnen aber nicht vorenthalten:

Stellen Sie sich vor, Sie stehen auf einem 10 m-Turm im Schwimmbad. Der Wind bläst heftig, Sie drohen zu hinabzustürzen. Da ruft Frau Merkel Ihnen zu: „Du brauchst keine Angst zu haben, zu Deiner Sicherheit haben wir selbstverständlich das Schwimmbecken befüllt." Sie schauen hinab: Auf dem Boden des Beckens steht das Wasser 1 cm hoch. Exakt dem entsprechen, <u>maßstabsgetreu,</u> die gegenwärtigen staatlichen Sicherungen für Cashkonten und Sparbücher!

Jürgen schaltete sich ein: „Es muss einfach sein, dass wir die allgemeine, **anerzogene Gutgläubigkeit** gegen über Aussagen der Regierenden beenden. Jedes zweite Wort, was die Politik heute fordert, ist **Transparenz.** Und das allerletzte, was sie selbst liefert, ist genau diese Transparenz. Stattdessen wird wortgeschwurbelt oder gar schlicht und ergreifend gelogen und betrogen."

Jetzt horchte Gerhard auf, der immer noch den Gesetzestext und die Lotsen-Ergänzungen studiert hatte: „Was wird „geschwurbelt"? Wörter? Wie geht denn das?" „Nun ja, man redet so lange um den heißen Brei herum und erklärt das Gegenteil für richtig von dem, was im Gesetz steht, dass einem zuletzt total verschwurbelt ist." Alle lachten. „Ein herrliches Wort." „Kein Mensch weiß, was es bedeutet, aber jeder erkennt, was du damit sagen willst." „Danke für die Blumen – aber das war jetzt erst die Vorspeise! Hast Du meinen neuen Aufsatz auch dabei", fragte Jürgen seinen Sohn.

„Klar", sagte Karsten und teilte ihn aus:

Wie lange wollen wir uns noch an der Nase herumführen lassen?

Die „Aufklärung" zum Stand der staatlichen Sicherungs-Verspechen im vorigen Kapitel habe ich, mit meiner freundlichen Genehmigung (☺), aus meinem Buch **„Wer braucht schon Mathe"** (ISBN 978-3-7357-4714-3) entnommen.

Seit dieser Zeit haben sich unsere Repräsentanten in Berlin ein noch größeres Bubenstück geleistet! Am **10.12.2014** verabschiedete der Deutsche Bundestag ein Gesetz, dem er für die Presse einen Hinweis beilegte: „Es besteht ein Interesse des Staates, dieses Gesetz möglichst geheim zu halten." Und tatsächlich: Man konnte in nahezu keinem Pressorgan, bis auf ganz wenige Ausnahmen, darüber lesen, hören oder sehen. Erst das kleine Buch eines über die Maßen empörten, erfahrenen Juristen sorgte, wenigstens in der Fachwelt, für Aufmerksamkeit. (Dr. Wolfgang Philipp: **„Rette sich wer kann vor dieser Bankenrettung"** (ISBN: 9783873364936)

Ich spreche vom **„Sanierungs- und Abwicklungsgesetz" (SAG)**, das in der BRD bereits **zum 1.1.2015 in Kraft** trat und das **seit 1.1.2016 im gesamten Euroland gilt**.

Was war der Anlass für dieses Gesetz?

Zweierlei:

„Der Staat sollte ab sofort nicht mehr für Banken-Rettung zur Verfügung stehen". **Das klingt für Bürger-Ohren sehr vernünftig.** Als erstes sollten die Bank-Eigentümer (Aktionäre) einstehen, die ja die Verantwortung trugen. **Große Zustimmung.**
Danach kamen die dran, die so blauäugig gewesen waren, um einer Bank Geld zu leihen. (Anleihen und Obligationen.)
Auch noch **Zustimmung**.
Als nächste Stufe in dieser „Haftungskaskade", wie das Verfahren offiziell benannt wurde, waren die Konten mit Guthaben ab 100.000,01 € dran.
Die **Zustimmung** wurde schon etwas geringer, aber es traf ja „nur die Reichen". Nur dass danach noch sämtliche anderen Einlagen, auch unter 100.000 € und **mit Einlagen-sicherungs-Fonds-Deckung (!)** bis auf wenige Ausnahmen bluten sollten, das war **gar nicht mehr einsichtig!** Wie war so etwas möglich?

Zum besseren Verständnis für jeden Nicht-Bankfachmann: Jeder Euro, der auf Ihrem Giro- oder sonstigem Konto ruht, ist nicht mehr „Ihr" Euro. Sie sind jetzt rein rechtlich **Gläubiger der Bank**. Der Euro gehört im Moment der Bank, die allerdings eine Rückzahlungsverpflichtung Ihnen gegenüber hat. So wird **jede Konto-Einlage** bei einer Bank bilanztechnisch bearbeitet. Und jetzt wird auch ein Schuh draus: denn schon in der zweiten Stufe der „Kaskade" werden ja die Gläubiger der Bank herangezogen.

Wer das Pech hat, Kunde einer Bank zu sein, von der eine Handvoll Bürokraten im Bundesamt für Finanzen **glaubt (!)** (also noch gar nicht weiß!) sie **könnte eventuell** pleitegehen, dem kann es passieren, dass ihm anstelle seiner Einlagen (Gehalts-, Sparkonten u.a.) plötzlich Aktien dieses „mißerfolgreichen" Instituts übersandt werden. Damit hat er auch kein Geld bei einer Pleitebank verloren und somit kein Anrecht auf Entschädigung aus den diversen Sicherungsfonds. Sie können das einfach nicht glauben? Lesen Sie das Büchlein von Dr. Philipp (s.o.) und dazu den Text des **SAG**, das nicht etwa nur geplant ist, sondern **das seit 1.1.2016 in ganz Euroland gilt.**

Zum zweiten ist es die klammheimliche Vorbereitung der **Haftungserweiterung** unserer deutschen Sicherungssysteme zugunsten **aller** europäischen Banken. Herrn Junker und der Europäischen Kommission gefällt es schon lange nicht, dass jedes Land (Genauer, die Steuerzahler jeden Landes) nur für die Schulden ihrer „eigenen" Banken haftbar ist. Er fordert **„Solidarität"**. Schließlich haben die Deutschen schon Milliarden zurückgelegt, die Italiener bisher noch gar nichts. Das schreit in heutigen Politikerköpfen nach gleich machendem „Ausgleich", oder eben: **Solidarität**. Herr Schäuble wird bis jetzt **„offiziell"** nicht müde, entsprechende Pläne weit von sich zu weisen, wobei er „hinten rum" bereits „verbindlich" zugesagt hat, dass *„unsere Banken-Union"* kommen **muss**. So geht Politik. (Siehe vorne, Herr Junker) Man braucht nur etwas Geduld…

Hiervon spreche ich:

„Schäuble gibt deutsche Sparguthaben als Pfand für Euro-Risiken frei"

Deutsche Wirtschafts Nachrichten
Veröffentlicht: 26.01.16 01:26 Uhr

Bundesfinanzminister Schäuble hat in einem Beitrag für die FAZ mitgeteilt, dass die gemeinsame europäische Einlagensicherung kommen wird. Der Artikel hat in den Bank-Etagen die Sektkorken knallen lassen: Denn ein offizielles Schreiben des für die Banken weisungsbefugten Finanzministers ist in der Banken-Praxis ein gültiges Dokument, das zur Kredit-Vergabe herangezogen werden darf. Damit stehen allen europäischen Banken die 2.000 Milliarden Euro der deutschen Sparer als Sicherheit zur Verfügung.

Für jeden Bürger zugänglich, steht dieser Artikel, einschließlich eines **Videos** im Internet! **Hören Sie unseren Bundes-Schäuble mit eigenen Ohren** und schütteln Sie Ihren eigenen Kopf:

http://deutsche-wirtschafts-nachrichten.de/2016/01/26/schaeuble-gibt-deutsche-sparguthaben-als-pfand-fuer-euro-risiken-frei/

Welcher Laie weiß schon, dass Äußerungen eines Ministers, offiziell publiziert in einer einschlägigen überregionalen Zeitung, zum „relevanten Dokument" werden, auf das Dritte sich in ihren Geschäften berufen können.

„Ich, als Nicht–Jurist, wusste das nicht. Wusstet ihr das? Damit Ihr Gelegenheit bekommt, einmal einen direkten Einblick in die „europäische Giftküche" zu nehmen, von der sich die „Brexit-Wähler" jetzt nicht mehr bekochen lassen wollen, habe ich ein Dokument aus dem Internet abgeschrieben, das ein Beispiel liefert, wie man mit vielen „schön klingenden Formulierungen" unglaublich dumme Schlussfolgerungen ziehen kann, um dann einem extrem gefährlichen Gesetz, wie dem oben beschriebenen **„SAG"** zuzustimmen! Wem dieser Text zu „langatmig" ist, der hat vollkommen Recht. Das ist die Methode. Mit viel „Bla-Bla" die wahren Absichten „verschwurbeln", dabei grinste Jürgen wieder zu seinem alten Studienkollegen und Deutsch-Oberstudienrat a.D. Gerhard hinüber, „bis sich der „gemeine Abgeordnete", von Beruf Handwerksmeister, Lehrer oder Stadtinspektor sagt, das klingt doch alles ganz gut, da kann ich dafür sein.

Lest selbst – auch wenn es langweilig ist – es sind ja nur 6 Seiten! Aber danach habt ihr die Begründung für meine Behauptungen am eigenen Leib erlebt!

Auf dem Weg dahin: EUROPA -- DEUTSCHLAND

Entwurf eines Gesetzes zur Umsetzung der Richtlinie 2014/49/EU des Europäischen Parlaments und des Rates vom 16. April 2014 über Einlagensicherungssysteme (DGSD-Umsetzungsgesetz)

SO sehen es die von uns mehrheitlich gewählten Volksvertreter!

Aus dem Internet abgeschrieben!

Artikel 2 Änderung des Einlagensicherungs- und Anlegerentschädigungsgesetzes

§ 17

(5) Die Bundesanstalt teilt der Europäischen Bankenaufsichtsbehörde bis zum 31. März jeden Jahres die Höhe der in Deutschland nach § 8 Absatz 1 gedeckten Einlagen sowie die Höhe der verfügbaren Finanzmittel deutscher Einlagensicherungssysteme zum Stand vom 31. Dezember des Vorjahres mit.

§18

(4) Die verfügbaren Finanzmittel müssen risikoarm und ausreichend diversifiziert angelegt werden. Sie sind so anzulegen, dass eine möglichst große Sicherheit und eine ausreichende Liquidität der Anlagen bei angemessener Rentabilität gewährleistet ist. Die Erträge aus der Anlage der verfügbaren Finanzmittel können zur Deckung der Verwaltungskosten und sonstigen Kosten der Einlagensicherungssysteme verwendet werden.

Einlagensicherung

Einlagensicherungssysteme sollen helfen, im Falle der Insolvenz einer Bank die Sparer und ihre Guthaben zu schützen. Derzeit bestehen rund 40 Systeme in der EU, die verschiedene Einlegergruppen und Einlagen in unterschiedlicher Höhe schützen und den Banken unterschiedliche finanzielle Verpflichtungen auferlegen. In Deutschland verfügen sowohl die Privatbanken als auch die öffentlich-rechtlichen und genossenschaftlichen Banken über ein funktionierendes Einlagensicherungs-system. Während die Privatbanken über einen Fonds des Bundesverbandes deutscher Banken abgesichert sind, haften bei öffentlich-rechtlichen und genossenschaftlichen Banken die einzelnen Institute eines Verbundes jeweils gegenseitig für ihren Fortbestand. In diesem Fall spricht man von Institutssicherung.
In der Finanzkrise hat sich gezeigt, dass die nationalen Systeme mancher Mitgliedstaaten unterfinanziert sind. Darüber hinaus wurde deutlich, dass Sparer, die in anderen Mitgliedstaaten als ihrem eigenen über Einlagen verfügten, nicht immer in wünschenswerter Weise abgesichert waren.

Die Europäische Kommission verfolgt daher das Ziel einer Vereinfachung und Harmonisierung der bestehenden Systeme,

- eine Verkürzung der Auszahlungsfrist und
- einen verbesserten Zugang der Systeme zu Informationen,

- ein solides und glaubwürdiges System mit ausreichender Finanzausstattung sowie
- gegenseitige Kredite zwischen den Systemen für bestimmte Fälle.
- Banken müssen 1,5 Prozent der Einlagen ihrer Sparer gesondert vorhalten.
- Die Anspruchsberechtigung der Einleger soll vereinfacht werden.
- Einlagen in Nicht-EU-Währungen sollen ebenso geschützt sein, wie Einlagen von Nichtfinanzunternehmen.
- Jedem Sparer wird sein Guthaben bis 100.000 € garantiert. Die Auszahlungsfrist soll auf sieben Tage verkürzt werden.
- Einleger sollen künftig besser über die Deckelung ihrer Einlagen informiert werden.
- Die Bankensysteme müssen die Aufsichtsbehörden von drohenden Insolvenzen unterrichten.

Das Europäische Parlament will damit <u>europaweit</u> einheitliche Mindeststandards für die nationalen Sicherungssysteme von Sparguthaben schaffen.

Gleichzeitig bleibt eine größtmögliche Flexibilität bei der Ausgestaltung der Funktionsweise der Sicherungssysteme erhalten.

Bevor die neue Sicherung in Kraft treten kann, muss noch eine Einigung mit den Mitgliedstaaten gefunden werden.

In der Finanzkrise haben national getrennte Einlagensicherungssysteme verhindert, dass es in schwierigen Lagen einzelner Mitgliedsländer zu Panikreaktionen von Sparern in anderen Euro-Zonenstaaten gekommen ist. Eine gemeinsame europäische Einlagensicherung würde die Schäden aus besonders risikoreichen Geschäften europäischer Groß- und Investmentbanken den deutschen Kreditinstituten und damit im Wesentlichen den Kunden auferlegen. Ziel der europäischen Gesetzgebung muss ein besserer Schutz der Sparer werden. Die deutschen Einlagensicherungssysteme haben sich bewährt und dürfen durch europäische Vorgaben nicht geschwächt werden.

Bankenabwicklung
Eigner und Gläubiger müssen künftig stärker an Bankenrettungen beteiligt werden. Aus Angst vor einer unkalkulierbaren Kettenreaktion wie nach der Insolvenz der US-Investmentbank Lehman Brothers 2008 entschieden sich die EU-Mitgliedstaaten, kriselnde Finanzinstitute nicht bankrottgehen zu lassen. In den Finanzsektor der EU flossen daher von 2008 bis 2010, laut EU-Wettbewerbskommissar Almunia, staatliche Hilfen in Höhe von EUR 400 Mrd. als Kapitalzufuhren und zum Umgang mit Risiko-Aktiva sowie rund EUR 1,2 Bio. als Garantien und Liquiditätsmaßnahmen. Mit dem neuen Gesetz zur Bankenabwicklung wird ein Wendepunkt in der Haftungsfrage eingeleitet. Ziel ist, den Steuerzahlern nicht weitere milliardenschwere Rettungspakete aufzuerlegen.

Die Richtlinie zur Sanierung und Abwicklung von Kreditinstituten, die einheitliche Regeln für die Rettung oder Schließung von in Schieflage geratenen Banken sowie für ein **frühzeitiges Eingreifen durch die Aufsichtsbehörden** festlegt, **ist ein Bestandteil der Europäischen Bankenunion.**

Derzeit finden ebenfalls Verhandlungen zur Ausgestaltung der europäischen Einlagensicherung als dritten Pfeiler der Bankenunion statt. Mit den einzelnen Gesetzesinitiativen verbunden ist die Hoffnung nach mehr Vertrauen in den europäischen Banken- und Finanzsektor. Das Konzept für das Krisenmanagement sieht dafür drei Stufen vor: Vorbeugung, frühes Eingreifen und Abwicklung. Das bedeutet, Banken müssen selbst Abwicklungs- und Sanierungspläne in Abstimmung mit den zuständigen Behörden erarbeiten. Die Abwicklungsbehörden können im Krisenfall unverzichtbare Funktionen eines Instituts erhalten.

Nach derzeitigem Verhandlungsstand im Rat ist für die Abwicklung vorgesehen, dass zuerst Aktionäre und Inhaber von Bankanleihen - also Eigner und **Gläubiger** - sowie **Bankkunden**[1)] **ab einem Guthaben von EUR 100 000 haftbar** gemacht werden. Spareinlagen unterhalb dieser Schwelle werden dagegen gesetzlich garantiert. Die Rettung mit öffentlichen Geldern ist erst die letzte Stufe in der sogenannten Haftungsreihenfolge. Ein weiterer Kernpunkt ist die Einrichtung nationaler Abwicklungsfonds, in den die Banken einzahlen müssen. Einen Streitpunkt stellt jedoch die Frage nach Spielräumen für die

nationalen Abwicklungsbehörden bei der Regelumsetzung dar. Einen gemeinsamen Abwicklungsfonds hat die deutsche Bundesregierung **bisher** entschieden abgelehnt. So konnte vermieden werden, dass beispielsweise deutsche Kleinbanken und Sparkassen für insolvente Großbanken aus anderen EU-Mitgliedstaaten haften müssen.
...

---

1) *Ein perfektes Beispiel wie man mit der Unwissenheit der Laien spielt und „falsche Spuren" legt, damit auch das „Abgeordneten-Volk" nicht zu viel weiß.*

2) *Genießen SIE IHREN Wissens-Vorsprung (vorhin geschildert auf S. 148 bis 151!). SIE wissen, was tatsächlich gemeint und geplant ist!*

Die Formulierung tut so, als wären nur „Kunden über 100.000 Euro Einlage" betroffen. Dabei ist auch jeder „Bankkunde" mit nur 50 € auf dem Gehaltskonto, oder jede Oma mit 1.000 Euro auf dem Sparbuch, ein Gläubiger der Bank. Karl Vogt, Finanzlotse

„Wer bei all dem nur noch den Kopf schütteln kann, der sollte **spätestens jetzt seine langfristig gedachten Konten räumen und sich nach passenden Sachwerten umsehen.** Egal ob Baby-Boomer oder erfahrener Senior-Rentner."

„Ach, da haben wir es gut", meldete sich jetzt Stephan. „Wir haben gar nichts auf der hohen Kante, da kann man auch nichts einziehen." „Danke für den Einwand" schaltete Karsten sich jetzt wieder ein. Gerade deshalb haben wir ja zu diesem heutigen Abend eingeladen. Unsere „Alten Herren" - und „Jungen Damen" natürlich auch - sind angesprochen, das, was ein Arbeitsleben lang angespart worden war, zu sichern. Wir, die nächste Generation, müssen in der Tat zuerst einmal Werte schaffen – aber genau da sollte man schon die Weichen richtig stellen. Ich sehe es bei meiner Arbeit fast jeden Tag: Wer Ausbildung und Schule hinter sich hat, und eventuell auch schon seinen Lebenspartner gefunden hat" – er konnte sich ein leichtes Grinsen in Richtung der beiden unbeweibten Sanddorn-Brüder, nicht verkneifen - „der strebt in den allermeisten Fällen den Bau oder Kauf einer selbst zu nutzenden Wohnung oder eines Hauses an." Er sah, wie Stephan, Marlene, Nicole und Tony sich zunickten. Stephan und Nicole mit ihren beiden Kleinen, besaßen seit wenigen Wochen ein nagelneues Reihenhaus, und Nicole war mit ihrem Tony und der kleinen Emma in eine Doppelhaus-Hälfte eingezogen, die sie sehr günstig erwerben konnten. „An der Stelle geht es darum, eure komplette künftige Existenz zu sichern", sagte Karsten jetzt sehr eindringlich. „Dabei geht es mir gar nicht so sehr darum, darauf hinzuweisen, dass die zurzeit extrem niedrigen Zinsen durchaus nicht **nur** ein Segen sind, sondern auch gewisse Gefahren bergen." „Was?" wurde Nicole hellhörig. „Welche Gefahren denn?" „Na zum Beispiel, dass einer von Euch beiden arbeitslos wird. Ihr oder euer Kind werdet schwer krank, ein Tauchunfall auf den Seychellen…" „Die können wir uns derzeit nicht leisten." „Aber auch auf „Malle" wird getaucht, und ich weiß, wie gerne Tony das macht." „Ich verstehe trotzdem immer noch nicht, was das mit der Gefahr der niedrigen Zinsen zu tun haben soll", warf Tony jetzt ein.

„Ganz einfach: Ich schätze jetzt einfach mal, Ihr bezahlt für Zins und Tilgung bei diesen heutigen Konditionen in etwa 860 € im Monat." Ja, das kommt ziemlich genau hin", bestätigte Tony. „Nehmen wir weiter an, du verdienst netto 2.500 €, Frau Gutmann mit ihrem Halbtagsjob etwa 900 €. Da könnt ihr eure Finanzierungskosten locker und problemlos tragen. Es bleiben für euren 3-Personen-Haushalt noch stolze 2.540 €. Das trägt durchaus auch die Haus-Unterhaltskosten – und vielleicht habt ihr sogar an Reparatur-Rücklagen gedacht?" Er sah aus den Augenwinkeln, dass Nicole und Tony einen Blick tauschten, der ihm das Gegenteil bestätigte. Aber er fragte ganz „harmlos" weiter: „Bedient ihr noch zusätzliche Sparverträge? Über die Hauskosten hinaus?" „Jeder von uns hat einen Riester-Vertrag, das ist derzeit alles." „Das ist durchaus in Ordnung. Besser als gar nichts. Hat allerdings den kleinen Nachteil, wenn ein Gehalt ausfällt, könnt ihr nichts „verflüssigen". Kündigen wäre mit deutlichen Nachteilen verbunden, also stellt man beitragsfrei, was zwar die monatlichen Ausgaben ein wenig senkt, aber kein Cash ins

Haus bringt. Diese Verträge sind zur Altersvorsorge gedacht, lediglich als Ausgleich für die Rentenkürzungen von Herrn Schröder und Genossen. Bei einem akuten Schicksalsschlag könnt Ihr sie vergessen. Und jetzt braucht ihr euch bloß vorzustellen und durchzurechnen, was geschieht, wenn <u>ein</u> Gehalt ausfällt und ein Erwachsener mit dem Kind zurückbleibt. Egal wer. Auch Du, Tony mit deinem guten Gehalt, wirst das auf Dauer nicht alleine stemmen können. Abgesehen davon, dass statt der 900 €, die Nicole derzeit beisteuert, ungefähr der gleiche Betrag für Kinder- und Haushaltversorgung drauf geht. Und andersrum? Wie will Nicole mit 900 € Kind und Haus durchbringen? Das Haus verkaufen? Du kannst Gift darauf nehmen, dass in den kommenden Jahren, aus der Vielzahl der heute so extrem billig finanzierten Objekte, aus diesen gerade genannten Gründen – oder aus Scheidungen - eine nennenswerte Anzahl auf den Markt kommt. Wenn inzwischen womöglich auch noch der Euro „das Spielfeld verlassen hat" und in der neuen Währung wieder deutlich höhere Zinsen verlangt werden, steigert das die Nachfrage bestimmt nicht. Die Folge: Die Preise fallen. Der Vorteil der unter Umständen bei der Währungs-Umrechnung deines Kreditbetrages entstanden sein mag, wird dadurch wahrscheinlich fast verschwunden sein." Die Stimmung war bei diesem Szenario deutlich gesunken. Gerhard sagte jetzt: „Na, na, wir sind ja auch noch da", was Jürgen zu der Antwort veranlasste: „Weiß man´s? – Besitzt ihr eine Überlebens-Garantie? Bis Emma 18 ist? Dann seid Ihr stolze 83! Seid ihr **sicher,** dass ihr bis dahin durchhaltet und von Euren Alterseinkünften zwei weitere Personen zumindest teilweise ernähren könnt? Für diese Träume habe ich euch nachher noch etwas zum Mitnehmen und hinter die Ohren schreiben.."

Jetzt wurde Karsten die Stimmung aber zu „duster". Deshalb fuhr er schnell fort, „Mein Vater hat schon recht: Sich auf Dauer auf die Eltern zu verlassen, ist genauso wenig zielführend, wie sich auf „Papa Staat" verlassen. Nein, Ihr habt ja die Chance, das alles aus eigener Kraft und ohne größere Einschränkungen selbst zu regeln! Das muss deutlich gesagt sein. Alles was Euch an Schicksalsschlägen begegnen mag – keiner hier im Raum wünscht euch welche, aber leider trifft es eben nicht immer nur die andern - das kann man mit relativ überschaubarem Aufwand mit Versicherungen abfangen. Nur – und jetzt sind wir wieder bei der „Gefahr", die von den niedrigen Zinsen ausgeht, wird das in der Freude über dieses Zinsgeschenk oft ausgeblendet und übersehen."

Er sah erfreut, dass sich die Stimmung sofort wieder aufhellte und ergänzte: „Seht ihr, jetzt habt ihr am lebenden Beispiel gesehen, was ein *Generationenberater* so treibt. Er macht auf Gefahren aufmerksam, auch für den Fall, dass sich die Generationen bewusst oder unbewusst zu sehr aufeinander verlassen, ohne das gesamte Risikospektrum bis zu Ende durchdacht zu haben. Ihr beide, Onkel Gerhard und Tante Marianne, könntet ja in der Zwischenzeit auch krank oder Pflegefall geworden sein und eure Mittel und Reserven selbst brauchen. Oder sollen Stephan und Marlene dann den ganzen Clan finanzieren? Es ist einfach sicherer, wenn man die <u>eigene Existenz aus eigenen Mitteln sichert</u>. Sowohl für Jung als auch für Alt."

„Wo er recht hat, hat er recht", meinte Wolfgang respektvoll. Dann wandte er sich an Jürgen: „Und womit willst du uns bedrohen?" „Ich will euch nicht bedrohen", antwortete dieser, „ich will euch beschenken. Das könnt ihr dann aufs Gäste-Klo hängen. Es wird oft Zustimmung finden.

Lächelnd verteilte er ein Din A4-Blatt mit einem Hausspruch, wie er früher in vielen Häusern zu finden war:

**Merk es Dir, ergrauter Vater,
sag es auch dem Mütterlein:**

Soll der späte Lebensabend
Ohne Nahrungssorgen sein,
gib Du die erworb`nen Güter
nicht zu früh den Kindern ab,
sonst wirst Du zu ihren Sklaven
und sie wünschen Dich ins Grab.

Wer besitzt, den wird man achten.
Kinderdank ist Seltenheit.
Brot zu betteln, heißt Verschmachten,
Brot zu geben, Seligkeit!

(Hausspruch aus dem 18. Jahrhundert)

„Hui jui jui" protestierte die anwesende Jugend, „Das ist ja ganz schön hart. Aber das ist doch antik. Bei uns ist das ganz anders!" Marianne hatte den Spruch lächelnd gelesen. Jetzt meinte sie: „Es ist doch auch eine Form von Lebensqualität, wenn man Kinder und Enkel noch unterstützen kann." „Das meine ich auch", grinste jetzt sogar Karsten seine Eltern an. „Durchaus richtig", bestätigte Jürgen, „aber warum nur mit Geld? Weil es das Bequemste ist? Auch „Zeit" ist ein wertvolles Gut. Schenkt doch Zeit." Wolfgang warf ein: „Davon haben wir Älteren aber nicht mehr so viel." „Umso wertvoller ist sie und wird bestimmt dankend angenommen. Das Geld, das noch übrig ist, wenn deine Zeit abgelaufen ist, findet dann immer noch den Weg zu den Kindern und Enkeln."

Karsten fügte noch hinzu: „Wenn ein zu großer Teil der eigenen Reserven weggegeben wird, besteht einfach die Gefahr, dass der Retter selbst „in Seenot" gerät. Damit wäre dann keinem geholfen. Deshalb bleibt flexibel. Ich hatte auch schon Kunden, die glaubten, dieses Problem mit einer „Darlehens-Lösung" umgehen zu können. Der Gedanke dahinter: Wenn ich selbst in Not gerate, zahlt ihr mir das Darlehen zurück. - Und was passiert, wenn beide gleichzeitig in Not geraten sind? Eltern und Kinder? Weil vielleicht beide Generationen noch im gleichen Betrieb zusammen hängen? Wer ist bereit, als erster zum Sozialamt zu gehen? Wollen Eltern die Kinder schicken, oder Kinder die Eltern?
So viele Menschen wünschen sich vor allem andern „Sicherheit". Sicherheit in Gesundheit. Nun die allergrößte Sicherheit besteht doch darin, dass man zuerst seine eigene Basis stabilisiert. Gegen freiwillige Opfer und Einschrän-

kungen sagt kein Mensch was, aber die Selbstbestimmung muss erhalten bleiben. Für jeden, die JUNGEN und die ALTEN. Das „St. Martins-Prinzip" habe ich persönlich nie begriffen: Wem nützt ein „halber Mantel"? Jetzt frieren beide. Und das immer länger! Die Lebenserwartungen steigen. Nach neuesten Berechnungen jedes Jahr durchschnittlich um drei Monate. Es wäre doch extrem lästig, wenn am Ende des Geldes noch Leben übrig wäre, um das sich dann Dritte, Kinder und/oder Staat kümmern müssten. Also: Bleibt selbstbestimmt. Helft Euch wo Ihr könnt, aber vergesst nie Eure finanzielle Ausgangslage im Blick zu behalten!"

„Ein schöner Aufruf", warf jetzt Marlies ein: „Wenn wir den Wok-Inhalt nicht trinken wollen, weil er total zusammengekocht ist, dann solltet Ihr jetzt mal ein Päuschen machen. Und ihr braucht auch keinen Wettlauf aufs Klo zu veranstalten. Wir haben hier oben auch noch das Badezimmer und unten ist noch ein „Reserveklo". Also nur gemach, dass niemand die Treppe runter hagelt. Die anderen lachten, aber dem einen oder anderen waren einige Details offenbar doch „auf die Nieren geschlagen". Die stillen Örtchen waren alle drei gut frequentiert.

Das gemeinsame Essen war schließlich sehr harmonisch verlaufen. Man diskutierte noch angeregt, auch wie man sich auf die gegenwärtige Situation am besten zunutze machen könnte und die Jüngeren naturgemäß auch, wie man sich am besten auf eine Zukunft vorbereitet, die so wenig planbar ist, wie noch nie in den letzten 50 Jahren. Die größten Umbrüche in der jüngeren Weltgeschichte, der Fall der Mauer und der Zusammenbruch des Ostblocks passierten, in geschichtlicher Dimension gesehen, „von Heute auf Morgen". Selbst die beteiligten Politiker waren von der Dynamik, mit der sich dieser Wandel vollzog, völlig überrascht. Auf den nächsten „politischen Tsunami" können wir uns alle seit Jahren einstellen. Wir sehen die Welle heranrollen, wir müssen nur noch entscheiden, „auf welchen Hügel wir fliehen". Jeder hat dieses Mal die Chance, ungeschoren davon zu kommen, wenn er sich nur angemessen vorbereitet. Und um das WIE deutlicher zu machen, wollten sie sich noch einmal im Wohnzimmer der Familie Wohlrab zusammenfinden. Da das naturgemäß nicht so zügig ging, wie sich Jürgen das wünschte, rief er: „Auf geht´s, ich möchte euch zu Beginn kurz verzaubern! Damit Eure grauen Zellen wieder anspringen, habe ich euch eine Rechenaufgabe mitgebracht. Er schaltete seinen Laptop ein und stellte ihn auf ein Beistelltischchen zentral vor „sein Publikum", damit alle auf den Bildschirm sehen konnten. Dann fragte er in die Runde: „Wer von Euch weiß, wie viele Nullen eine Billiarde hat?" Kurzes „Nachdenken mit den Fingern an der Hand", weil die Antwort die wenigsten Menschen direkt sagen können. Noch ein Beweis, dass viele Akteure der Finanzwelt gar nicht mehr wissen, worüber sie sprechen, denn eine Billiarde sind 1000 Billionen und somit 1 Million Milliarden: 15 Nullen – eine gigantische Zahl, die man höchstens in der Astronomie verwenden konnte. „Das war jetzt das „Vorspiel"", lächelte Jürgen geheimnisvoll. "Jetzt wollen wir mal sehen, was herauskommt, wenn wir folgende Zahl mit sich selbst multiplizieren." Er tippte langsam in seinen Laptop ein: **111.111.111 x 111.111.111** . Er sah wie einige seiner Gäste ihre Smartphones zückten und mitrechnen wollten aber er

„zog ihnen gleich den elektronischen Zahn": „Mit Euren Geräten funktioniert das, was ich Euch zeigen will, nicht. Die Displays haben zu wenig Stellen. Es kommen nämlich in der Tat 12,3 Billiarden heraus." „Toll, meinte Gerhard, „und was daran ist so zauberhaft?" „Na dann seht es Euch doch einmal ganz genau an", grinste Jürgen und wies auf seinen Bildschirm, wo das Ergebnis angezeigt wurde. Er zog es noch etwas groß, damit es alle deutlich sehen konnten. Da stand: **12.345.678.987.654.321**.

„Hmm, schöne große Zahl", meinte Christian und die 15 Stellen stimmen auch. Plötzlich sprang sein Bruder Jörg auf und wies mit dem gestreckten Arm auf den Bildschirm: „Aber schau doch mal genau hin, du Nulpe: Das sind die Zahlen von 1 bis 9 in der richtigen Reihenfolge aufsteigend und hinter der 9 wieder absteigend." Tatsächlich, er hatte Recht. Die anderen erkannten es jetzt auch. „Das ist ja wirklich verblüffend." „Wer denkt sich sowas nur aus". „Das wäre mir niemals aufgefallen." „Ein Super Party-Trick." So schwirrte es durcheinander... An dieser Stelle machte sich Karsten laut bemerkbar: „Hallo-o-o! Eigentlich wollte ich zum Schluss noch ein paar Informationen beisteuern. Zum Beispiel, den Umgang mit dem derzeitigen „Zinsdilemma"!

Neulich geriet ich, beim Zappen, in eine dieser TV-Labershows, in der sich C- und D-Prominente mit politischen Dauerschwätzern um irgendein Thema fetzen. Da höre ich, wie einer dieser Teilnehmer mit Inbrunst verkündet: *„Bei Null- Zinsen lohnt Sparen überhaupt nicht mehr, da sollten die Menschen ihr Geld lieber ausgeben und heute leben, statt „zinslos" für später zurückzulegen."* „Ja, das hat mein Chef auch schon gesagt", stimmte Nicole zu. Und meine Kolleginnen haben gleich zugestimmt und für Zalando-Umsatz gesorgt." Ist dein Chef Schuhhändler? fragte Christian. „Nein...", antwortete Nicole, „...Aber ein Riesen-Depp, mit Verlaub", fiel ihr Karsten ins Wort. „Es ist mehr als unverantwortlich, jungen Menschen zu empfehlen, auf Sparen zu verzichten, weil es keinen Zins gibt. Wenn ich so einen Mist höre, springt mir mein schweizer Offiziersmesser in der Tasche auf!" „Gott sei Dank nur das", warf Tony, Nicols Ehemann, ein. „Mit einem Größeren wäre Nicole jetzt womöglich arbeitslos und unser Häuschen in Gefahr." Die anderen lachten. Karsten hatte seinen „Wutausbruch" auch wieder unter Kontrolle und lachte mit. „Ich möchte nicht wissen, was seine Kinder in 30 Jahren sagen, wenn sie jetzt auf ihn hören." „Da kann ich dich beruhigen", meinte Nicole, „die hören sowieso nicht auf ihn." Jetzt meldete sich „Onkel" Wolfgang: „Karsten, ich kann Dich ja verstehen, wenn Du an Deine jungen Kunden denkst, die jetzt nicht mehr sparen, aber wie ist das, wenn wir „älteren Herrschaften" ohne Zinsanreiz nichts mehr sparen?" „Mit Verlaub, lieber Onkel Wolfgang, da bitte ich Dich, morgen früh aus deinem Schlafzimmerfenster zu blicken." Wolfgangs Frau Brigitte fragte: „Möchtest Du dort ein Transparent aufhängen?" Karsten grinste: „Nein, nein, keine Angst, aber ich habe in Eurem Garten, auf den großen Bäumen schon Eichhörnchen gesehen. Vielleicht siehst du ja auch welche. Und falls du den Film „Dr. Doolittle" gesehen hast, und die Eichhörnchen-Sprache beherrschst, kannst du das Eichhörnchen fragen, wieviel Zins es im Winter von seinen gesammelten Nüssen erwartet. Du wirst überrascht sein, wenn das Tierchen nicht einmal weiß, was Zins ist. Es ist

schon extrem glücklich, wenn es alle Nüsse wieder findet. Schwund ist immer!"
„Und was will uns der Dichter damit sagen?" fragte Nicole. „Dass es zu allen Zeiten besser und sicherer ist, nicht „von der Hand direkt in den Mund" zu leben. Vernunftbegabte Menschen sollten dem Eichhörnchen-Vorbild folgen und sich für künftige (Not-) Fälle, wenigstens ein bisschen von dem, was sie heute besitzen, zurücklegen. Auch ohne Zins. Es ist doch ganz einfach: Wer 30 Jahre lang monatlich 100 zurücklegt hat am Ende: ? Na?" Die Antwort fiel leicht: „36.000." „Und das völlig ohne Zins! Wer 30 Jahre monatlich „nichts" zurücklegt, hat? Wieviel hat der?" „Au, das ist schwer", ächzte Jörg. „Nichts?" „Genau. Der Kandidat hat 10 Punkte. Und jetzt die schwierigste aller Fragen: Was ist besser, 36.000 oder nichts?" „Kommt drauf an, ob man noch lebt", konnte es Wolfgang nicht lassen einzuwerfen, aber jetzt hörte er von seinen beiden Söhnen, fast wie aus einem Mund: „NÖöö, das ist immer gut!" Wieder lachten alle. Karsten nahm den Faden noch einmal auf: „Klar wäre es besser, wenn man Zinsen erwirtschaften könnte, denn unter 5 bis 6 Prozent Zuwachs ist eine echte Altersvorsorge, die diesen Namen auch verdient, in der Tat nicht möglich. Aber einfach gar nichts zu tun, nur weil es – **im Moment!** – keinen Zins gibt, ist nichts als reine, nackte Dummheit. Der teuerste Satz, den ein Anleger zur Verfügung hat, ist: „Ich mache mal am besten gar nichts, dann mache ich schon nichts falsch." „Welch ein fataler Irrtum! Wer den Satz zu seinem Leitsatz macht, kann sicher sein, dass er sich sein Lebtag auf der Verlierer- Straße befindet."

„Aber wo willst Du heute diese ominösen 5 bis 6 Prozent auf sichere Weise her bekommen?" warf Marianne jetzt ein. „Danke, Tante Marianne", antwortete Karsten. „Mit Geldkonten bei Banken im Moment sicher nicht. Auch nicht mit Staatsanleihen, die früher, in Eurer Jugend, noch als das „Non-plus-ultra" der Sicherheit gegolten hatten. Ihr seht an diesen Beispielen, wie sich auch die Welt des Anlegens und Investierens in den letzten 20 Jahren dramatisch verändert hat. Aber soll man deshalb den Kopf in den Sand stecken? Man muss sich eben auf neue Gegebenheiten einstellen. Und die lauten nun mal: Arbeits- und Risikolosen Zuwachs gibt es im Augenblick nicht mehr. Aber wer seinen Verstand einschaltet, kann durchaus erkennen, dass es noch „irgendwo" Erträge von 5, 6, 10 und sogar mehr Prozent geben **muss**, denn ohne diese Erträge könnte keine Firma langfristig existieren." „Aber wie schaffen die das dann?" warf Tony ein. „Ganz einfach, gab Karsten die Antwort: Sie erwirtschaften Gewinne statt Zinsen. Mit Arbeit." „Aha?" „Firmen produzieren Waren oder Dienstleistungen und sie verlangen Preise, die ihnen mindestens, auf die Dauer, den überlebensnotwendigen Gewinn von um die 10 % nach Steuer ermöglichen. Klar, gibt es Unternehmen, leider gehören *manche* Handwerker dazu, denen weniger übrig bleibt, aber da können oftmals die Chefs nicht richtig rechnen oder sie bewegen sich in einer sterbenden Branche. In Bereichen vielleicht, die immer mehr von der Konkurrenz des Internets vereinnahmt werden. Auch das ist leider nicht aufzuhalten. Die „Großen" aber, deren Aktien in den verschiedensten Fonds zu finden sind, erzielen meistens die o.g. Erträge und man muss jetzt nur noch die finden, die ihre Aktionäre auch

daran teilhaben lassen und nicht jeden gewonnen Euro gleich wieder reinvestieren." „Aber, wenn das alles so selbstverständlich ist, woher kommen dann diese Schwankungen, die mich schon einige Tausender gekostet haben", fragte Wolfgang nach. „Ehrliche Antwort?" fragte Karsten zurück. „Aus dem Spannungsfeld zwischen Gier und Verzweiflung." „Na, na sagt Wolfgang, „gierig war ich eigentlich nicht... eher schon verzweifelt, als sich meine Einlage halbiert hatte." „Lass es mich so erklären", begann Karsten: „An der Börse bewegen sich nicht nur Menschen, die auf eine ordentliche Ausschüttung hoffen, sondern auch solche, die darauf **spekulieren**, dass sie immer wieder Käufer finden, die ihnen ihre Papiere zu einem höheren Preis abkaufen, als dem, den sie selbst bezahlt haben. Das geht mal einige Zeit gut, dann sprechen die Börsianer von einer „Hausse". Es ist die Zeit der „Bullen", also der Optimisten. Und auf eine solche Zeit folgt zwangsläufig eine, bei der es eben nicht so gut läuft. Die Zeit der „Bären" oder der Pessimisten. Dann sprechen die Börsianer von einer „Baisse". Und daraus folgt eigentlich ganz von selbst das Rezept für den richtigen Umgang mit Aktien. Kaufen, mit Geld, das man langfristig entbehren kann und nach 20 Jahren nachsehen, was daraus geworden ist. So hat es vor 30 Jahren bereits der Altmeister Kostolany empfohlen."
„Aber man hört doch immer wieder, dass genau das nicht mehr in die heutige Zeit passen würde. Das sei altmodisch", mischte sich Brigitte ein. „Man müsse am Ball bleiben, Chancen nutzen", „Und von wem hört man das? Von Banken, oder Brokern oder Finanzberatern, die sowohl Kauf wie auch am Verkauf immer mitverdienen? Oder von Illustrierten, die mit den entsprechenden „Tipps" ihre

Auflagen steigern? Nein, ganz im Ernst: Die „Zeiten" mögen sich geändert haben, alles wird hektischer, schnelllebiger. Statt tagelang auf Post zu warten, erhalten wir unsere Antworten in Sekunden per E-Mail. Es mag auch Firmenideen und Finanz-Konstruktionen geben, die nur in der Umschlaggeschwindigkeit ihren Profit finden, aber die „gute alte Börse" funktioniert immer noch wie vor 100 Jahren. In New York wird sie sogar heute noch mit der Handglocke ein- und ausgeläutet. Die ursprüngliche Aufgabe der Börse, das Kapital der Anleger zu den Firmen der Macher zu bringen, ist in Reinkultur die gleiche wie vor 100 Jahren. Dass die Spekulanten, die nur kaufen, um möglichst mit Gewinn weiterzuverkaufen, das immer schneller tun, muss nicht des Anlegers Problem sein! Es gibt einen coolen alten Spruch in Geld-Fachkreisen: „Hin und Her macht Taschen leer." „ Oder: Gier schaltet Hirn aus", fügte Jürgen jetzt noch hinzu. Man spürte förmlich noch die Verunsicherung im Raum, denn das, was sie jetzt gerade gehört hatten, war in der Tat nicht „Mainstream". Das musste man sich zuhause erst noch einmal in Ruhe durch den Kopf gehen lassen. Wenn das stimmte, dann gab es ja doch einen vernünftigen Ausweg aus dem „Altersvorsorge-ohne-Zins-Dilemma". „Ihr müsst lediglich die Selbstdisziplin aufbringen", fügte Karsten hinzu, „nicht auf jede Veröffentlichung oder jeden „Tipp" anzuspringen. Glaubt mir, ich weiß genau, wie schwer es ist, gegen den Strom zu schwimmen: Wenn man wochenlang immer wieder hört, man müsse „das und das tun", dann diesem „Psycho-Bombardement" doch nicht zu folgen, das verlangt einen starken Charakter. Aber gerade an dieser Stelle hilft der Satz kolossal: WER sagt WAS, WARUM?

Sind es „Tippgeber" und Presse, die alleine schon am „Wirbel" verdienen, den sie verursachen und der ihre Auflagen steigert? Oder sind es vielleicht Banken, Vermögens-Berater und -Verwalter, die gerne neuen Umsatz hätten? Die größten Gauner unter dieser Gattung verkaufen ja das Papier, dessen Verkauf sie Ihnen gerade dringend ans Herz gelegt haben, direkt an ihren nächsten eigenen Kunden weiter. Mein Appell: <u>Denkt über das eben Gehörte nach.</u> Euer gesunder Menschenverstand wird Euch behilflich sein.

Wenn ich meine Kunden zu ständigen Käufen und Verkäufen verführen wollte, würde ich kurzfristig deutlich mehr verdienen, als mit meinem Langfrist-Rat. Aber ich will ja auch einmal die zufriedenen und wohlhabenden Erben als Kunden gewinnen, und das geht eben nur mit Fachkenntnis und Ehrlichkeit. Ihr könnt ja, jeder für sich selbst, entscheiden, was Euch lieber ist: Sachliche Aufklärung, die jeder für sich nachvollziehen kann oder multimediales Getöse, das in letzter Konsequenz kein Mensch mehr durchschaut und wo man sich halt „verlassen" muss. Und was haben wir schon am Anfang erkannt: *„Wer sich auf Andere verlassen muss, der ist (oft) verlassen."*

Zur Abrundung des ganzen Themenkreises habe ich noch einmal zwei Arbeitsblätter mitgebracht", kommentierte Karsten, während er diese austeilte. Aber Christian fragte noch einmal dazwischen: „Onkel Jürgen, Ich habe vorhin mal in deinem Buch-Entwurf geblättert. Du wendest dich ja an die „Golden Ager" - obwohl eigentlich nur die Damen „goldige Ager" sind." „Hört, hört", sagte Marianne, „Schleimer" gab Nicole ihren Senf dazu aber Christian fuhr ungerührt fort „und an die Baby-Boomer, aber zu denen gehört auch keiner von uns. Was machen wir Twens und Dreißiger?" Jürgen antwortete: „Der Sinn und Zweck dieses Buches ist, **allen** eine verständliche und wohl begründete Orientierung zu geben, wie man sich auf einen selbstbestimmten Ruhestand **vorbereitet** und sich darin **einrichtet**. Was sich ändert, außer der neugewonnenen Freizeit. Was bleibt. Die Baby Boomer sind, wie Du sicher gelesen hast, heute um die 50 Jahre alt. Für die ist es allerhöchste Zeit, spätestens jetzt die richtigen Weichen zu stellen, wenn das mit der Selbstbestimmung noch funktionieren soll.

Ihr gehört in der Tat noch nicht dazu. Ihr befindet euch in der komfortablen Lage, zwar die gleichen Weichen stellen zu müssen, aber ihr könnt euer Ziel mit erheblich weniger monatlichem Aufwand (und damit „Konsumverzicht") erreichen, weil ihr einfach länger Zeit habt. Als Gerhard die Idee hatte, Euch zu diesen Themen mit einzuladen, habe ich deshalb sofort zugesagt, denn man kann wichtige Themen nicht früh genug angehen. Ihr werdet mit Sicherheit die angesprochenen politischen und wirtschaftlichen Veränderungen miterleben und deshalb ist es von ganz besonderem Nutzen, wenn ihr rechtzeitig darauf vorbereitet seid. Ihr könnt das ohne „Zeitnot" schaffen und gleichzeitig darüber hinaus noch manche Fehler vermeiden, die die Baby-Boomer schon hinter sich haben. Und die können, fügte er wissend hinzu, sehr teuer gewesen sein." „Alles klar", bedankte sich Christian für die Auskunft und nahm sich die beiden Arbeitsblätter vor, die Karsten zwischenzeitlich jedem ausgehändigt hatte.

**Woran muss ich denken,
wenn ich als Rentner oder Pensionär mit meinem
Einkommen bestmöglich auskommen will?**

**Sechs „Typen" fragen den Finanzlotsen.
Welcher sind Sie?**

Typ 1: Der Konnte-nicht-Sparer
Er/Sie hat entweder zu wenig gearbeitet, oder zu wenig verdient, und hatte aus diesen oder ähnlichen Gründen nie die Möglichkeit, zusätzliche Sparbeträge aufzubringen. ER/Sie ist ausschließlich auf die gesetzliche Rente an gewiesen und deshalb sehr zu bedauern. Er/Sie kann nur noch die Grundsicherung beantragen und sich auf ein Restleben auf „Hartz-IV-Niveau" einrichten, denn dieser Sozialleistung entspricht die Grundsicherung 1:1. Allerdings ohne Anrechnung von Vermögen der Eltern oder Kinder.

Lotse: **Wer heute um die Fünfzig ist** und sich zum Typ 1 zählt, sollte noch einmal in sich gehen und sich fragen, auf welche Ausgaben Er/Sie nicht schon heute **(freiwillig)** für ein privates „Notfall-Käschen" verzichten kann. Spätestens ab Rentenbeginn wird der Verzicht erzwungen.

Typ 2: **Der Wollte-nicht-Sparer**
Er/Sie hat gearbeitet und mehr oder weniger gut verdient. Er/Sie hat sich ganz auf die staatliche Vorsorge verlassen. Er/Sie hat das gesamte Geld, das Er/Sie verdient hat, direkt in Konsum umgesetzt. (Autos, Einrichtung, Hobbys, Reisen, Familie u.v.a.m.) Für das „Alter" vorsorgen **wollte** Er/Sie nicht. Denn erstens hätte man sich dann heute weniger leisten können, zweitens (habe ich oft gehört) „war ja gar nicht sicher, ob man das Rentenalter überhaupt erreichen würde oder nicht vorher einem Unfall oder einer Krankheit zum Opfer fiele". Auch dieser „Typ 2" kann einem nur leid tun. Nicht einmal Psalm 118, Vers 8 hätte ihn/sie umgestimmt. „Es ist gut, auf den HERRN vertrauen und nicht sich verlassen auf Menschen." Jetzt muss Er/Sie eben auch mit der Grundsicherung auskommen.

Lotse: **Wer heute um die Fünfzig ist** und sich zum Typ 2 zählt, sollte seine Strategie noch einmal gründlich überdenken. Die Wahrscheinlichkeit, das Rentenalter tatsächlich zu erreichen, wächst mit jedem Tag. Wer jetzt den Hebel umlegt und mit dem richtigen Aktienfonds „klotzt" statt zu „kleckern", der kann. mit ein bisschen Glück vielleicht doch noch in die Typ-Klasse 3 aufsteigen.

Typ 3: **Der Haarscharf-Sparer**
Er/Sie hat in seinem Arbeitsleben exakt so viel zurückgelegt, dass Er/Sie mit dieser Ersparnis zusammen mit der gesetzlichen Rente, gerade mal so hinkommt. „Große Sprünge" sind nicht möglich, müssen aber auch gar nicht sein. In dieser Gruppe finden sich oft Hausbesitzer, die ihre restlichen Jahre mehr oder weniger gerne im eigenen Garten verbringen (müssen).

Lotse: Sie sollten unbedingt darauf achten, dass aus dem Kapitalstock Ihrer Sparanlagen lebenslang gezahlt werden kann. Höchst gefährlich wäre es, Teile der Anlage selbst zu „verbrauchen", weil am Ende des Geldes noch Leben übrig sein könnte. **Wer heute um die Fünfzig ist** und sich zum Typ 3 zählt, sollte ebenfalls sehr sorgfältig „nachplanen". Sind Sie Hausbesitzer und haben Sie Ihr Lebtag auf die eine einzige Karte „Immobilie" gesetzt, dann haben Sie jetzt ein sogenanntes „Klumpen-Risiko".

Typ 4: **Der-sichere-Reserven-Sparer**
Er/Sie hat schon frühzeitig berücksichtigt, dass die Inflation nicht an seinem ersten Renten-Bezugstag abgeschafft wird und hat dementsprechend möglichst „indexierte" Anlagen gewählt, die Preissteigerungen durch einen Mehrertrag ausgleichen. Er/Sie hat darüber hinaus schon vorgesehen, existenzsichernde Versicherungsausgaben mit einzukalkulieren.

Er/Sie hat in aller Regel auch nicht nur auf „ein Pferd" neben der gesetzlichen Rente gesetzt sondern sich mehrere verschiedene Geldquellen erschlossen.

Lotse: Auch Sie sollten jetzt überprüfen, inwieweit gesichert ist, dass Ihre Geldquellen **lebenslang** sprudeln. Achten Sie dabei darauf, dass Sachwerte in der heutigen Zeit erhebliche Vorteile bringen. Falls nötig und möglich steigen Sie noch einmal um. Vergessen Sie auch keinesfalls die rechtlich sichere Basis für Ihre Selbstbestimmung zu legen.

Typ 5: **Der Wohlhabende**
Er/Sie hat in der Regel immer gut verdient oder „gut geheiratet" oder nennenswert geerbt. Er/Sie hat genügend Anlagen, dass Er/Sie auf die Rente eigentlich gar nicht angewiesen ist. Er/Sie kann daran denken, Kinder und Enkel zu sponsern, sofern Er/Sie das für sinnvoll und angebracht hält..

Lotse: Achten auch Sie darauf, dass Ihre Anlagen in Sachwerten gestreut sind. Für kleinere „Spontan-Geschenke" kann ein gewisser Bar-Betrag im heimischen Tresor (oder zumindest in der feuersicheren Kassette) nicht schaden. **Was** man Kindern und Enkeln zukommen lässt, ist natürlich völlig individuelle Privatsache. **Wenn Sie Gutes tun wollen,** sichern Sie den **Enkeln** (mit dem Abschluss bestimmter Kindervorsorge-Versicherungen) heute schon den *Zugang zu der später unbedingt notwendigen Arbeitskraft-Absicherung,* deren Abschluss durch zwischenzeitliche Erkrankungen oder Unfälle auf dem Weg ins Erwachsenenleben sehr häufig versperrt wird: Ein einziges Mal den Jugend-Psychologen befragt – heute gang und gäbe! Vor zwanzig Jahren wusste man noch gar nicht, dass es diesen Beruf überhaupt gab – schon ist die Versicherungstüre zu. Für wie wirksam Sie das Verschweigen eines solchen Besuches halten, überlasse ich, im **Zeitalter des totalen Datenaustausches,** Ihrer persönlichen Phantasie. Darlehen an Kinder, zum Zweck des Immobilienerwerbs sollten Sie nur aus Mitteln gewähren, von denen Sie ganz sicher ausgehen können, dass sie sie **niemals** selbst benötigen.

Lotse: Erfahrungsgemäß ist „der gute Wille" bei älteren Menschen oft das größte Problem. Wer kann schon den großen Enkelaugen widerstehen? Und wie haben wir noch gelernt? „Geben ist seliger denn Nehmen", oder? Trotzdem sollte man nie aus den Augen verlieren, dass sich das ganze Leben jederzeit und von heute auf morgen ändern kann

Typ 6: Der „richtig" Reiche
Er/Sie tritt mit so großem Vermögen in die Zeit des Ruhestandes, dass Er/Sie s „normalerweise" gar nicht mehr selbst alles verbrauchen **kann**.

Lotse: Hier ist meine Aufgabe, als Lotse, den erfahrenen Kapitän auf die Untiefen aufmerksam zu machen, die auf seiner Route liegen: Hat Er/Sie seine **Selbstbestimmungsrechte** juristisch abgesichert? (Vollmachten und Verfügungen). Hat Er/Sie für den **Pflegefall** wasserdicht vorgesorgt, vor allem, wenn 2 Personen betroffen sind. Hat Er/Sie die unbedingt noch notwendigen **Versicherungen** abgeschlossen? Haftpflichtversicherungen auch die, für den geliebten Hund. Sowie für den Öltank, das Ferienhaus u.a.m. Will er/sie von der Möglichkeit Gebrauch machen, die eigene **Beerdigung mitzugestalten**? Zugegebenermaßen ein auf den ersten Blick etwas „schräger" Vorschlag, der aber letztendlich, in der Praxis gar nicht so selten vorkommt. Das beginnt damit, dass man sich seine Lieblingsmusik oder seinen Lieblingsredner aussucht (Manche haben schon an „Junge komm bald wieder" gedacht), geht über den Wunsch der Grabgestaltung (bepflanzt oder pflegeleichte Platte), den Todesanzeigen-Text, bis hin zur Grabinschrift, und es endet bei der Sicherheit, dass man nicht „zur Schonung des Erbes" einfach billigstmöglich verbrannt und verbuddelt wird. Bis zum Probeliegen im Sarg muss es ja nicht gerade gehen. (☺)

Dass Gespräche zu einem solchen Thema nicht unbedingt schon den Tod „herbeireden" sondern dass man das einzige auf der Welt, was sicher ist und nicht mit allem Geld der Welt verhindert werden kann, auch humorvoll angehen kann, ist von **Stan Laurel** überliefert (Bekannt als „*Doof*" aus dem Stummfilm-Gespann „Dick & Doof"):

„Wenn jemand auf meinem Begräbnis ein langes Gesicht macht, spreche ich nie wieder mit ihm."

Oder diese <u>Grabinschrift:</u>

Sie wird dem Satiriker Karl Julius Weber zugeschrieben, wobei allerdings die Familie sich nicht an seinen Wunsch hielt und stattdessen einen lateinischen Spruch verwendete. Bei entsprechender Vorsorge (Vertrag mit dem Steinmetz) wäre das nicht passiert! (☺)

Auch Heinrich Heine wurde mit diesem Spruch in Verbindung gebracht, was ich allerdings eher für (gut??) *erfunden* halte, weil sich alles, bis zum Schluss, „so schön reimt":

Hier liegen meine Gebeine, ich wollt'es wären Deine

*Hier ruhen die Gebeine
von Heinrich Heine,
ich wollte es wären deine
und nicht meine.
Heinrich Heine*

Ist der hier echt?
(Es handelt sich um einen
Buchtitel)

Solange Er/Sie jedoch noch am Leben ist und sich (hoffentlich) bester Gesundheit erfreut, sollte sich jeder verantwortungsbewusste Vermögende unbedingt Gedanken machen, wer **künftig** den Haupt-Nutzen aus seinem Lebenswerk ziehen soll. Seine **Familie oder der Staat.** Wer dieses Luxusproblem rechtzeitig angeht und eben nicht auf die „lange Bank" schiebt, der kann beispielsweise alle schenkungssteuerlichen Freibeträge alle zehn Jahre aufs Neue nützen und mit etwas Glück den Staat ganz leer ausgehen lassen. Man hat ja während des Lebens schon genug Steuern bezahlt... oder?

Dabei sollte aber unbedingt ein Fachanwalt (für das Testament) und ein Steuerberater (für die steuerlichen Auswirkungen) zu Rate gezogen werden!

Und dann noch etwas:

Es soll ja auch vorgekommen sein, dass wohlhabende und reiche Menschen keine Kinder und somit erst recht keine Enkel hatten. Wenn sie auch sonst alle Familienmitglieder und Weggenossen überlebt haben und die Neffen und Nichten dritten und vierten Grades so gar nicht dem eigenen Idealbild entsprechen, dann stellt sich die Frage, gehe ich jetzt mehr oder weniger „spurlos" von dieser Erde und mein gesamtes Vermögen fällt an die „bucklige Verwandtschaft" oder an den Staat – oder kann ich doch noch etwas bewirken, das sogar meinen Namen weiterleben lässt. In dieser Situation sollten Sie sich umgehend an einen **Stiftungsberater (Kreuzung zwischen Banker und Anwalt)** wenden. So können Sie noch über den Tod hinaus mit Ihrem Geld etwas bewirken, was Ihnen am Herzen liegt. Übrigens: Für Stiftungen braucht man keine Millionen. Ein paar zig-Tausend tun´s auch!

Und: Stiftungen „leben länger" als jede Schenkung.

Wenn Sie Ihren aktuellen Lebensstandard halten wollen...sollten Sie diese vier Fallen vermeiden!

1. Die Langlebigkeits-Falle:

"Im Durchschnitt der letzten zehn Jahre steigt die Lebenserwartung in Deutschland bei Männern **alle vier Jahre um ein Jahr**, bei Frauen ist es etwas weniger", sagt Rembrandt Scholz vom Max-Planck-Institut für demografische Forschung in Rostock. Ein Ende der Entwicklung sei nicht in Sicht . "Wir gehen zwar davon aus, dass es eine Grenze gibt, aber bislang sehen wir sie nicht." Dabei gibt es auch noch Unterschiede im Hinblick auf die Einkommen. Wer das Glück hat, ein hohes Einkommen zu beziehen, der wird auch noch mit zusätzlich längerem Leben belohnt, was wohl am, in der Regel gesünderen, Lebenswandel liegt.

Lotse:
Wählen Sie für Ihre **Basisversorgung**, mit der sie ein Leben lang auskommen könnten, nur möglichst **indexierte Sachwert-Anlagen**, von denen Sie nach menschlichem Ermessen sicher sein können, dass Ihnen daraus lebenslang weitestgehend „problemlos" Gelder zufließen können.

2. Die Pflegekosten-Falle:
Berücksichtigen Sie unbedingt, **vor allem solange Sie noch körperlich und geistig fit sind**, und sich einen anderen körperlichen Zustand gar nicht vorstellen können, die **Tatsache, dass auch Menschen „verschleißen"**. Auf „ewiges Leben" ist kein menschliches Wesen ausgerichtet.

Je länger wir deshalb leben (wollen), desto höher die Wahrscheinlichkeit, doch noch für gewisse Zeit zum Pflegefall zu werden.

Nach Erhebungen des statistischen Bundesamts aus dem Jahr 2013 sind 38,2 % der 85–90-jährigen pflegebedürftig. Bei den über 90-jährigen steigt die Zahl auf 64,4 %.

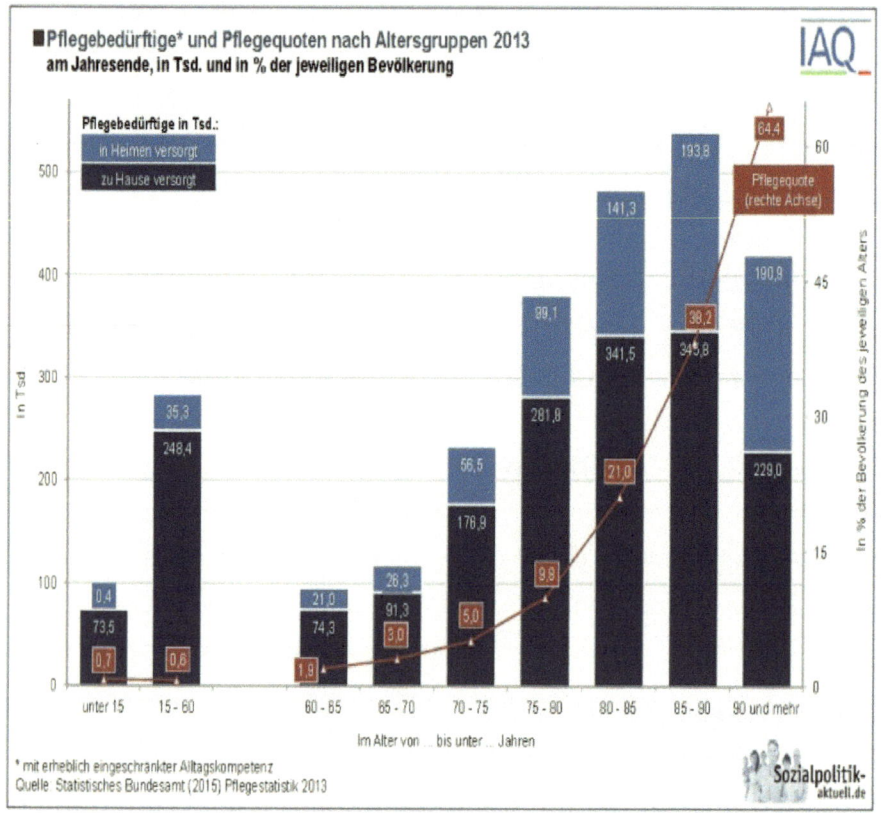

Lotse:
Wir wollen ein positives Buch schreiben und den Ruhestand mit Freuden genießen.

Deshalb drehe ich die Sichtweise um und stelle fest: 62 von 100 über 85-jährigen und immer noch 36 von 100 über 90-jährigen haben die <u>gute Chance</u>, einen rüstigen Ruhestand zu genießen! Es ist also weder Unruhe noch Panik angesagt **ABER** genau so wenig intelligent wäre es, wenn man nun völlig überzeugt wäre, auf jeden Fall zur „glücklicheren" Seite zu zählen! Wie war das noch?

Krankheit, Pech und Unfälle passieren immer nur anderen?

<u>Niemand</u> kann Ihnen das **garantieren!** Wollen Sie mit dem Schicksal um Ihr Lebensglück zocken – während Sie bei der Geldanlage schon beim Hören des Wortes „Risiko" erzittern?

Bevor ich dreimal im Jahr verreise, tu ich das nur zweimal und bezahle lieber die entsprechende Versicherung, die mich lebenslang vor Verarmung schützt, falls das Schicksal doch bei mir zuschlägt. Und wenn nichts passiert?

Umso besser! Dann habe ich, dank der **nötigsten Grundversicherungen** die ganze Zeit beruhigt geschlafen!

3. Die Inflations-Falle:

Sie beruht auf einem Denkfehler, auf den viele „Do-it-yourself-Vorsorger" samt schlecht oder gar nicht ausgebildeten sogenannten „Beratern" hereinfallen. Sie berechnen Deckungslücken und Bedarfspläne. Beziehen manchmal auch „inflationäre Entwicklungen" mit ein, und rechnen mit steigenden Sparraten aber **die „Absparzeit" wird**

vergessen! Die Rentenzuflüsse mit 65 passen – aber mit 75 kann man sich für diese Zuflüsse dann weniger kaufen, weil die Inflation nicht aufhört, nur weil wieder jemand in Rente geht.

Lotse:

Ich bin mir im Klaren darüber, dass wir derzeit (2016) in einer Zeit „scheinbar" ohne Inflation leben. Aber wie lange noch? Und das ist die **generelle Schwäche aller Hochrechnungen**, wie immer man sie ansetzt: Wenn man vom **HEUTE** ausgeht, **muss** man **IMMER** falsch liegen. Weil sich die Welt täglich verändert und niemals stehen bleibt. Schlau wäre deshalb, „freie, jederzeit zugängliche „Pufferanlagen" anzulegen, auf die man in besonderen Situationen zurückgreifen könnte. Weil ja nicht heute schon fest steht, **ob** und **wann** und **in welcher Höhe** ich diese Rücklagen brauche, können sie ruhig **sachwertgeschützt** in speziellen, **schwankungsgedämpften Aktienfonds** hinterlegt werden.

4. Die Steuer-Falle:

Zahlreiche Sparer und Anleger verfangen sich in dieser Falle, weil sie erst 2005 so richtig „nachjustiert" worden ist. Man hat die Rentenbeiträge von der „vorgelagerten" auf die „nachgelagerte Besteuerung" umgestellt, weil man davon ausging, dass der Bürger sich eher freut, wenn er während seiner **aktiven** Zeit (als Wähler!) die Steuer auf seine Rentenbeiträge „spart" – und somit **mehr in der Tasche** behält. Das hat auch bei den meisten Beifall gefunden. Aber, wie immer in der Politik, kommt das „dicke Ende" nun einige **Jahrzehnte** später, dafür umso „dicker", denn jetzt müssen alle Einkünfte versteuert werden. Nicht nur die Renten und Pensionen. Auf dem Weg dorthin gibt es Übergangsregeln, aber das ist das Feld eines Steuerberaters.

Lotse:
Ich empfehle jedem Ruheständler dringend, wenigstens einmal seine Unterlagen in einem guten Steuerbüro richten zu lassen. Wenn sich danach nichts mehr ändert, könnte man sich in den Folgejahren diese Kosten sparen, falls man sich ganz sicher ist.

Jetzt ergriff Jürgen noch einmal das Wort: Er bedankte sich bei Karsten, den Abend mitgestaltet zu haben und meinte: „Wenn ich es richtig einschätze, hast du heute Abend durch deine Fähigkeiten und deine Fachkenntnis neue Kunden gewonnen", und er sah einige nickende Köpfe in der Runde, „das ist bei weitem besser, als private Kontakte auszunützen und später, bei Misserfolg, Freunde zu verlieren." „Da hat er Recht", pflichtete Doc Wolfgang bei. „Ich werde meine Angelegenheiten auch in deine Hände legen, bestehe aber darauf, dass dein Vater niemals erfährt, wie viele Millionen ich so „vor mir herschiebe"." „Mein Problem liegt auf der anderen Seite", flachste Gerhard jetzt mit: „Mir musst Du versprechen, deinem Vater nie zu erzählen, wie eng es bei uns zugeht. Nicht dass der noch auf die Idee kommt, eine Stiftung zu meinen Gunsten einzurichten." Alle lachten und Karsten meinte dazu nur, der „Datenschutz" schwebt in unserer Branche all überall. Manchmal nimmt das so bizarre Züge an, dass du das Gefühl hast, die staatliche Aufsicht steht beim Arzt hinter der Sprechzimmertüre und warnt den Patienten, die Hose runter zu lassen, wenn ihn der Popo schmerzt. Das treibt schon wundersame Blüten – aber es bewirkt natürlich auch, dass eure Geheimnisse bei mir noch sicherer sind als in „Abrahams Schoß"."

„Okay", griff Jürgen wieder ein, „Ende der Marketingbemühungen! Zum Schluss möchte ich Euch noch eine Berechnung an die Hand geben, die ich persönlich ganz charmant finde. In dieser Version freue ich mich richtig auf meine „selbstbestimmte Pflegephase"! Meine Frau und ich werden sie genießen und Ihr dürft uns immer mal wieder besuchen kommen.

Erteilte noch ein letztes Formblatt aus:

Eine ganz verquere Idee?
Aber mit realistischem Hintergrund!

Wem der Umzug ins Pflegeheim droht, der könnte, wenn er das Meer mag und noch neugierig ist, unter Umständen folgende Rechnung aufmachen:

Kosten eines Pflegeheims im Durchschnitt 3.500 € mtl. Nach Abzug der gesetzlichen Pflegeleistung von 1.279 € bleiben 2.221 €.

Dafür bekomme ich ärztliche Versorgung, dreimal täglich Essen und Trinken und Pflegepersonal, das zumeist sehr lieb aber eben auch oft ziemlich überfordert ist. Ein meist ordentliches Zimmer mit Telefon und Fernseher. Ein Umfeld von wenigen jungen, gesunden Menschen, dafür an jeder Ecke immer die gleichen pflegebedürftigen Mitbewohner. Man lebt in immer der gleichen Umgebung, die man nach dem 150. Spaziergang in und auswendig kennt.

Kosten einer günstigen Kreuzfahrt, ca. 100 € pro Tag. (Kein Billigliner, kein Luxusschiff) Wer Dauergast ist, kann mit der Reederei Sonderrabatte aushandeln. Bis auf etwa 70 € pro Tag sind bestimmt drin. Somit erwartet Sie **eine Monatsabrechnung von etwa 2.170 €.** Das entspricht dem Preis für die Heimkosten, ohne die Sozialkassen zu strapazieren.

Dafür bekomme ich ärztliche Versorgung (garantiert ohne lange Wartezeit). Essen und Trinken, sooft und so viel ich will, in Spitzen- Qualität, das mir, bei der möglichen Eigen-Auswahl, auch garantiert **immer** schmeckt. Eine platzmäßig fast gleich große Kabine (mit allen technischen Einrichtungen, die angesagt sind (Fernsehen, Telefon, Internet usw.) Einen persönlichen Zimmer-Stewart, der täglich zweimal (morgens und abends) die Kabine reinigt und frische Wäsche und Handtücher bringt und der sich für wenige Euro oder Dollar Trinkgeld zerreißt, um mir jeden Wunsch von den Lippen abzulesen. Das vielfältige Unterhaltungsprogramm an Bord lässt garantiert keine Langeweile aufkommen. Tägliche Spaziergänge (oder Rollstuhlfahrten) an Bord verschaffen mir herrlich frische Seeluft. Ich sehe viele fremde Länder, und wenn es nur die Häfen wären, und kann das mir bekömmlichste Klima mit der gewählten Reiseroute selbst aussuchen. Alle 8 bis 14 Tage bekomme ich neue interessante Nachbarn. Die weniger Interessanten sind nach 8 bis 14 Tagen wieder von Bord. Und das Beste: Die Familie reißt sich darum, mich möglichst oft zu besuchen... (☺)

Während seine Gäste noch über diese Idee **nach**-dachten, erläuterte Jürgen, der sehr gerne zur See fuhr: „Ich habe auf meinen Reisen Menschen getroffen, die dieses „Modell" tatsächlich praktiziert haben. Meistens sehr alte Damen, aber…"

„Klasse Idee", freute sich Karsten. „Ich komme mit Mann und Maus. Ich habe nämlich gelesen, dass Kinder bis 17 bei vielen Reedereien umsonst reisen, wenn sie es in der Kabine der Eltern aushalten." „Oder wenn die Eltern das aushalten", konterte Marlies. „Da müssten sich Teenager schon verpflichten, in der Disco zu übernachten." „Was wahrscheinlich keine so furchtbar harte Auflage wäre, oder?" wandte sich Brigitte an ihre beiden, leider schon über 18-jährigen Söhne. Christian verzog das Gesicht: „Wenn Du als reifer Mann, mit 17 ½ Jahren, der sich geistig von Goethe und Schiller ernährt und musikalisch nur Mozart und Bach kennt, mit so 11 bis 12-jährigen Kreischemädchen bei Bum-Bum-Musik in einen Raum gesperrt wirst, ist das schon Höchststrafe!" „Hört, hört" lachte Wolfgang, „vorgestern noch dort, heute schon vergessen." „Da irrst Du, Herr Doktor", widersprach Christian, „das war ein sehr gepflegter Edelschuppen in Stuttgart. Kreischemädchen können sich den Eintritt dort nicht leisten." Die Stimmung stieg. Jetzt kamen von allen Seiten weitere Vorschläge: „Die Grundidee ist Klasse, aber ich werde viel zu schnell seekrank, als dass das eine Erholung für mich sein könnte. Aber die Rechnung müsste doch eigentlich auch mit einem schönen Wanderhotel in den Alpen funktionieren." Man konnte sehen, wie Marianne sich das schon ausmalte. „Das will ich sehen, wie Du im geländegängigen Rollstuhl durch die Alpen bretterst", grinste ihr Mann. „Warum Rollstuhl?" fragte Marianne zurück. „Weil wir das doch erst machen, wenn wir Pflegefälle sind." „Warum eigentlich" – „Könnte man doch auch jetzt schon machen und sich gegenseitig „pflegen"" „Ja, so ein richtig schönes Wellness-Hotel…" „Sauna und Massagen" …

„Na seht Ihr", beschloss Jürgen den „offiziellen Teil" endgültig, das alles können wir uns leisten, wenn wir die bis hierher besprochenen Ratschläge beherzigen und verwirklichen!" „Amen", fügte Karsten grinsend hinzu und alle spendeten begeistert Beifall.

Liebe Altersgenossen im Ruhestand!

Ein Komplott bedroht uns! Und es geschieht hier, in diesem unserem Land!

Habt Ihr auch bemerkt, dass die Treppen von Tag zu Tag steiler werden und die täglichen Einkäufe immer schwerer?

Gestern ging ich spazieren und war verblüfft, wie lang unsere Straße geworden ist, bevor ich endlich wieder zuhause war.

Auch die Gravitation hat in den letzten Jahren stark zugenommen. Ich spüre es besonders beim Aufstehen vom Sofa. Und die Menschen, besonders die Jungen, werden immer weniger rücksichtsvoll: Sie sprechen immer leiser.

Andrerseits glaube ich, die sind heute auch wesentlich jünger, als ich in dem Alter war. Und die Leute in meinem Alter! Die sehen alle älter aus als ich. Unlängst habe ich eine alte Bekannte getroffen, die ist so alt geworden, dass sie mich nicht einmal erkannte.

Ich selbst kann mein Spiegelbild noch gut erkennen – obwohl, die Spiegel sind auch nicht mehr das, was sie früher einmal waren. Wahrscheinlich bekommen sie schneller Risse. Man sieht irgendwie faltiger aus.

Aber vor allem die Hersteller von Kleidern werden unseriös. Warum bezeichnen sie plötzlich die Größen 36 oder 38 als Kleid mit Größe 48 oder 50? Glauben die, das bemerkt keiner?

Und jetzt macht auch noch Microsaft mit! Die Buchstaben an meinem Computer werden mit jedem Update kleiner! ... Mann, Mann, Mann.

Übrigens:

An alle, die immer noch der Meinung sind:
„So schlimm wird es schon nicht werden."

Wenn Sie sich dessen sicher sind,
dann behalten Sie diesen Standpunkt bei.
Niemand will Sie umziehen.

ABER:
**An das Gute glauben und
dabei das Schlechte nicht aus dem Auge verlieren,
kann ganz bestimmt nicht schaden!**

Interessiert Sie DAS?

TEIL 1 (Senioren)

- Ohne rechtliche Sicherheit läuft gar nichts – warum?
- Wozu Vollmachten – Wozu (Patienten-) Verfügungen?
- Das Amtsgericht im Haus, weil keine Vollmachten vorliegen!
- Testamente sind Selbstbestimmung über den Tod hinaus.
- Ein Generationenberater (IHK) hilft Ihnen gerne!
- Ich will nicht an Schläuchen vegetieren!
- Wie erfährt der Arzt/die Klinik von meiner Patientenverfügung?
- Sind Sie lieber ein Selbst-Bestimmer oder ein Fremd-Bestimmter?
- Die Versicherung zahlt und ich kann nichts ans Geld!
- Welche Versicherung braucht der Rentner noch?
- Wo gibt es überhaupt noch Zinsen?
- Wer legt sein Geld 10 Jahre lang für nix an?
- Das einzige sichere Anlage-Rezept!
- Was sind Sachwerte?
- Wie kann ich als Rentner gut schlafen?
- Mein Geld ist im Haus „versteinert", wie kriege ich es zurück?
- Wie krieg ich meine Schulden los?
- Wohnimmobilien bergen viele versteckte Risiken.
- Die Immobilien mit den wenigsten Risiken.
- Gibt es auch Immobilien in „kleinen Portionen"?
- Ist Gold der „Retter in der Krise"?
- Mit kleinen (regelmäßigen) Beiträgen zu werthaltigen Sachwerten!
- Über welche Sachwerte komme ich schnellstmöglich an Bargeld?
- Wann wird das „schuldenfreie" Haus zum Bumerang?
- Wo lauern die Gefahren der niedrigen Darlehenszinsen?
- Geld, das keinen Zins bringt, lieber ausgeben als zu sparen?

So finden Sie, was SIE am meisten interessiert!

Liebe Leserinnen, liebe Leser!

Sie halten ein **Handbuch** in der Hand.
Ein **Handbuch** für Rentner und Pensionäre.

Von einem **Handbuch** erwartet man üblicherweise Kapitelüberschriften und ein Stichwortverzeichnisse zum schnellen Auffinden der interessierenden Stellen.

Nun frage ich Sie: Wann haben Sie zum letzten Mal mit Ihren Freunden ein Gespräch geführt? Wie haben Sie dabei die „Kapitelüberschriften" gesetzt? Und wenn sich ein Thema wiederholt hat, haben Sie die gleiche Überschrift noch einmal verwendet?

Da dieses **Handbuch** Sie an Gesprächen unter Freunden teilnehmen lässt, wurde es zum *„etwas anderen Handbuch"*.

Um den größten Nutzen daraus zu ziehen, bleibt Ihnen gar nichts anderes übrig, als das Buch von vorn bis hinten durchzulesen. (Der Schwabe sagt dazu: „Sie hens jo au zahld.") für alle: „Sie haben es ja auch bezahlt".

Langweilige Stellen [die kaum vorkommen (☺)] und Kapitel, die Sie nicht interessieren, [hoffentlich nicht zu viele (☺)] können Sie ja immer noch überspringen oder auslassen.

Interessiert Sie DAS?

TEIL 2 (Senioren und Junioren)

- Was tut ein Generationenberater?
- Wie sind wir staatlich versorgt?
- Was ist von künftigen Renten zu erwarten?
- Ich bin „Ü50" und will nicht am Existenzminimum leben. Was tun?
- Heirate ich einen Beamten oder einen Freiberufler?
- Die Wahrheit über die „Bismarck-Rente"
- Das Märchen von der Staatsgarantie. Eine Lesehilfe.
- SAG-Ein Gesetz, das die gesamte Wirtschaft zerstören kann.
- **Das ist Politik**: Vorne rum beruhigen – hinten rum schon längst das Gegenteil beschlossen.
- Wissen Sie, was ein relevantes Dokument ist?
- Die Gefahren der unnatürlich niedrigen Kreditzinsen.
- „Wer nichts macht, macht nichts falsch" Der Leitsatz aller Verlierer.
- „Hin und Her macht Taschen leer." Das Geschäft der Börsen hat sich nie verändert – nur die Geschwindigkeit!
- Welcher Ruhestands-TYP sind Sie?
- Grabinschriften!
- Vier Fallen für Ihren Lebensstandard im Alter
- SO können Sie sich freuen, Pflegefall zu werden (☺)
- Ein wirklich guter Rat zum Schluss

So finden Sie, was SIE am meisten interessiert!

Damit Sie aber nicht ganz orientierungslos bleiben –
und quasi auch als „Stichwortliste" für meine Vorträge –

habe ich sowohl für den ersten als auch den zweiten Teil Themen- und Interessenkreise abgesteckt, wie sie im Laufe der Gespräche „abgearbeitet" werden. Dort finden Sie Anregungen, was Sie interessieren könnte oder sollte.

Darüber hinaus erfolgt eine Auflistung aller meiner Kurzaufsätze und Merkblätter, die mit eingearbeitet sind, mit der Angabe von Seitenzahlen. Auf diese Weise können sich die „Krimiliebhaber" unter Ihnen an die interessantesten Stellen „herantasten" Probieren Sie es aus. Es macht Spaß und ist lehrreich zugleich!

Ein langes, gesundes Leben in Zufriedenheit

Wünscht Ihnen
Ihr Karl Vogt, Finanzlotse und „Diplomrentner"

Verwendete eigene Aufsätze und Merkblätter

TEIL 1

1. Vollmachten und Verfügungen — S. 31 - 36
2. Zentrales Vorsorgeregister — S. 39 - 40
   der Bundes-Notarkammer (ZVR))
3. Rentner Basis-Schutz — S. 45 - 46
4. Die Organisation des Lebens im Ruhestand — S. 48
5. Kein Zins in Sicht! Wie lange noch? — S. 69 - 73
6. So wird Politik demnächst ihre Schulden los. — S. 74 - 80
7. Wer muss ganz besonders aufpassen? — S. 84
8. Drehen Sie den Spieß um! — S. 89 - 93
9. Ein Wort zu „Schulden". — S. 95 - 99
10. Wenn das laufende Gehalt wegfällt — S. 111
11. Jetzt reicht´s! — S. 112
12. Ist Verbrauch eine Lösung? — S. 113 -114

TEIL 2

13. Die verschiedenen Versorgungssysteme — S. 122 - 132
14. Die staatliche Rente ist sicher. — S. 136 - 139
15. Das Märchen von der Staatsgarantie — S. 142 - 146
16. Wie lange wollen wir uns noch — S. 148 - 150
    an der Nase herumführen lassen?
17. Schäuble gibt deutsche Sparguthaben als — S. 151
    Pfand für Euro-Risiken frei.
18. Auf dem Weg dahin: Europa – Deutschland — S. 153 - 158
19. Merk es Dir ergrauter Vater … (Hausspruch) — S. 164
20. Sechs Typen fragen den Finanz-Lotsen — S. 176 - 181
21. Vier Fallen für den aktuellen Lebensstandard — S. 185 - 189
22. Eine ganz verquere Idee? — S. 192 - 193
    Mit realistischem Hintergrund!

Dies und das – Ein buntes Allerlei an Stichworten und Infos

Lebenszeit,	S. 12 - 14
Geschichte von den allzu klugen Fischen	S. 42 - 43
Das einzig sichere Anlage-Konzept	S. 59
Gelassenheitsgebet	S. 61
Gewicht von 1 Mrd. : 1 Mio.	S. 67
Vermietete Wohnungen zur Anlage?	S. 86
Geheim-Tipp: Pflege-Appartements	S. 87 - 88
Grundlagen Pflege-Appartements	S. 92 – 93
Lotsen-Meinung zu Gold	S. 100 - 102
Lotsen-Meinung zu offenen Immobilienfonds	S. 102 - 105
Lotsen-Meinung zu geschlossenen Immobilienfonds	S. 105 - 106
Informationen über den Generationenberater	S. 118 - 121
Was ist bei der Immobilien-Finanzierung unabdingbar?	S. 159 - 162
Merk es Dir ergrauter Vater (Sinnspruch)	S. 164
Die „magische Multiplikation"	S. 167 - 168
Sparen ohne Zinsen?	S 168 - 170
Gewinne statt Zinsen sind die Lösung!	S.171 - 174
Grabinschriften	S.182 - 183
Stiftungen	S.184
Liebe Altersgenossen im Ruhestand	S. 196 - 197